blv sportpraxis

201 richtig fußballspielen
202 richtig segeln
203 richtig segelsurfen
204 richtig tennisspielen
205 richtig skifahren
206 richtig skilanglaufen
207 richtig radfahren
208 richtig rock'n roll tanzen
209 richtig selbstverteidigen
210 richtig jogging · dauerlaufen
211 richtig tischtennisspielen
212 richtig reiten
213 richtig eislaufen
214 richtig leichtathletik
215 richtig volleyballspielen
216 richtig handballspielen
217 richtig fitnesstraining
218 richtig ski-konditionsgymnastik

blv sportpraxis

richtig ski-konditionsgymnastik

jürgen kemmler

BLV Verlagsgesellschaft
München Wien Zürich

CIP-Kurztitelaufnahme der Deutschen Bibliothek

Kemmler, Jürgen:
Richtig ski-konditionsgymnastik / Jürgen Kemmler. – München, Wien, Zürich: BLV Verlagsgesellschaft, 1980.
(blv sportpraxis; 218)
ISBN 3-405-12433-6

Bildnachweis
Alle Fotos von Peter Stückl, außer:
J. Kemmler S. 6, 13, 14, 44, 45, 75
M. Mühlberger S. 21
Ullstein Bilderdienst S. 10
M. Uselmann S. 17
Titelfoto: Peter Stückl
Grafik:
Barbara von Damnitz
und Hellmut Hoffmann

blv sportpraxis 218

Satz: Gebr. Parcus KG, München
Druck: Georg Appl, Wemding
Bindung: Großbuchbinderei Monheim

Printed in Germany
ISBN 3-405-12433-6

Quellenverzeichnis

Anderson: Stretching. Shelter Publications USA 1980
Baumann/Zieschang: Praxis des Sports. BLV München 1979
Grosser/Starischka: Konditionstests. BLV München 1980
Grosser/Starischka/Zimmermann: Konditionstraining. BLV München 1980
Harre: Trainingslehre. Sportverlag Berlin 1970
Jäger/Oelschlägel: Schülersport – Kleine Trainingslehre. Sportverlag Berlin 1980
Rieder: Skigymnastik. Limpert 1970
Sass/Hirtz: Lehrhilfen für den Sportunterricht. 11/1979
Weineck: Optimales Training. Perimed Fachbuch-Verlag 1980
Zieschang: richtig leichtathletik. BLV München 1980

Inhalt

Vorwort

Ski oder Après-Ski, Skiwandern oder Skilanglauf, Pistenfahren oder Tourengehen – der weiße Sport hat viele Gesichter – und auch »Skigymnastik« ist in.
Daß Skilaufen-Lernen nichts für Autodidakten ist, hat sich schon längst herumgesprochen, genauso wie wohl jeder Skiläufer weiß, daß die körperlich-konditionelle Vorbereitung auf den Skiurlaub sehr wichtig ist. Bücher, Berichte und Beiträge in allen Medien sowie die fachliche Aufklärung der Skiverbände haben wesentlich dazu beigetragen, daß Skigymnastik heute ein vertrautes Wort geworden ist in den Ohren der Skifahrer. Doch es hat lange gedauert, die Schwerhörigkeit so mancher »Skiathleten« zu überwinden.
Schon seit Jahren weiß man, daß neben einer sicheren Ausrüstung vor allem eine gute körperliche Fitness ganz wesentlich zur Sicherheit beim Skilaufen beiträgt. Noch deutlicher formuliert: **Ein Muskelkater im Sommer ist besser als ein Gipsbein im Winter.**

Heute weiß man aber auch: Skigymnastik ist nicht gleich Skigymnastik. Vorweg sei's gesagt: Allen Fitness-Fanatikern wird dringend empfohlen, das Trimmen nicht zu übertreiben. Gerade forsche Väter um die Vierzig neigen manchmal dazu, nach tagelanger körperlicher Abstinenz am Wochenende ein Trainingsprogramm zu absolvieren, das vielleicht nur ein Leistungssportler »verkraften« kann. Vor allem, machen Sie endlich Schluß mit der immer noch verbreiteten, so einseitigen »Kniebeugen-Gymnastik«, durch die so mancher Skifahrer bereits in der Skigymnastik zum »Ski-Krüppel« wurde. Auf die richtige Dosierung des Konditionstrainings kommt es an. Nur ein gezieltes Üben und Trainieren im Hinblick auf die beim alpinen und nordischen Skisport auftretenden körperlichen Anforderungen und Belastungen entwickelt auch die richtige Ski-Kondition. Dieses Buch möchte allen Skifreunden zeigen, wie man Ski-Kondition richtig trainiert, so daß die nächste Wintersaison oder der sehnsüchtig erwartete Skiurlaub schon in guter körperlicher Verfassung begonnen werden kann.
Bewährte Skigymnastik-Übungen und neue Anregungen zum Training der Ski-Kondition mit speziellen Trainingsprogrammen sollen dazu beitragen, daß möglichst viele Skisportler topfit über den Winter kommen. Bald ist es wieder soweit – der nächste Winter kommt bestimmt.

Einführung

Zum Thema

Skigymnastik – der populäre Ausdruck für die Zweckgymnastik des Skiläufers – hat in den letzten Jahren einen Beliebtheitsgrad erreicht, der mit dem gottlob zunehmenden »Sicherheitsdenken« der Skiläufer allein nicht mehr erklärt werden kann. Hinter dem »Zauberwort« Skigymnastik verbirgt sich meiner Erfahrung nach noch eine andere Motivation, vielleicht jene, daß mittels Skigymnastik nicht nur **Kondition** getrimmt, sondern auch in Form eines manchmal musikalisch untermalten »Trockenskikurses« (**Imitationsgymnastik**) eine direkte Beziehung zur Skitechnik hergestellt werden kann. Vor allem dieser Aspekt veranlaßt so viele Personen, vor dem neuen Skiwinter entsprechende Kurse zu frequentieren. Diese Tatsache, die von kommerziellen Skigymnastik-Veranstaltern weitgehend erkannt wurde, sollte jedoch nicht zu einer allzu einseitigen Interpretation der Lernziele der Skigymnastik verallgemeinert werden. Durch Skigymnastik kann man nicht Skilaufen lernen!

Die **Lernziele** der Skigymnastik – besser Ski-Konditionsgymnastik – sind klar umrissen:

- Verbesserung der allgemeinen Kondition des Skiläufers durch **allgemeines Konditionstraining.** Dazu gehören ein entsprechendes Ausdauertraining ebenso wie gymnastische Übungen zur allgemeinen Lockerung, Dehnung und Kräftigung des gesamten Körpers.
- Verbesserung der ski-speziellen Kondition durch **spezielles Konditionstraining.** Hier werden bevorzugt solche Übungen ausgewählt, die die beim Skilaufen besonders beanspruchten Eigenschaften trainieren.
- Einführung in die ski-typischen Bewegungsstrukturen, Stellungen und Haltungen durch **Imitationsgymnastik.**

Alle drei Lernziele zusammen und entsprechend »gemixt« sollen den Skiläufer fit machen, vor Verletzungen schützen, ihm mehr **Sicherheit** und damit mehr Spaß vermitteln.

Zum Buch

Dieses Taschenbuch versucht in verständlicher Form – auf der Basis bewährter Grundlagen und einer jahrelangen Unterrichtspraxis des Autors – allen **Skigymnastik-Anfängern** entsprechende Übungsprogramme anzubieten, die sie auch zu Hause durchführen können. Eine konzentrierte Einführung in das »Geheimnis« der sportwissenschaftlichen **Trainingslehre** soll dazu beitragen, die eigene Trainingspraxis effektiver und interessanter zu gestalten.

Einführung

Erfahrene »Skigymnastik-Kursler« finden in diesem Buch hoffentlich neue Übungsanregungen.
Alle **Übungsleiter, Sportlehrer** und **Trainer,** die selbst Skigymnastik-Kurse durchführen, können vielleicht mit Hilfe dieses Buches ihren Schützlingen und ihrem eigenen Unterricht neue Impulse geben.

Das Buch ist weder eine Übungssammlung noch ein umfassendes Skigymnastik-Lehrbuch. Jeder versierte Trainer weiß, daß gerade in diesem Bereich eine unbegrenzte Übungs- und Bewegungsvielfalt möglich ist. Mehrere Fortsetzungsbände wären erforderlich, um alle Übungsmöglichkeiten zu erfassen und zu beschreiben. Deshalb stellt der Inhalt dieses Buches auch eine Auswahl dar, eine Auswahl von bewährten Übungsformen, jedoch nach **Übungsgruppen** und **Programmen** zusammengestellt, die Sie bei der Sportpraxis zu Hause, in der Freizeit, Schule oder im Verein problemlos nachvollziehen können. Am besten ist es, Sie stekken dieses handliche Buch in Ihre Sporttasche, dann haben Sie Ihren eigenen Trainer immer dabei!

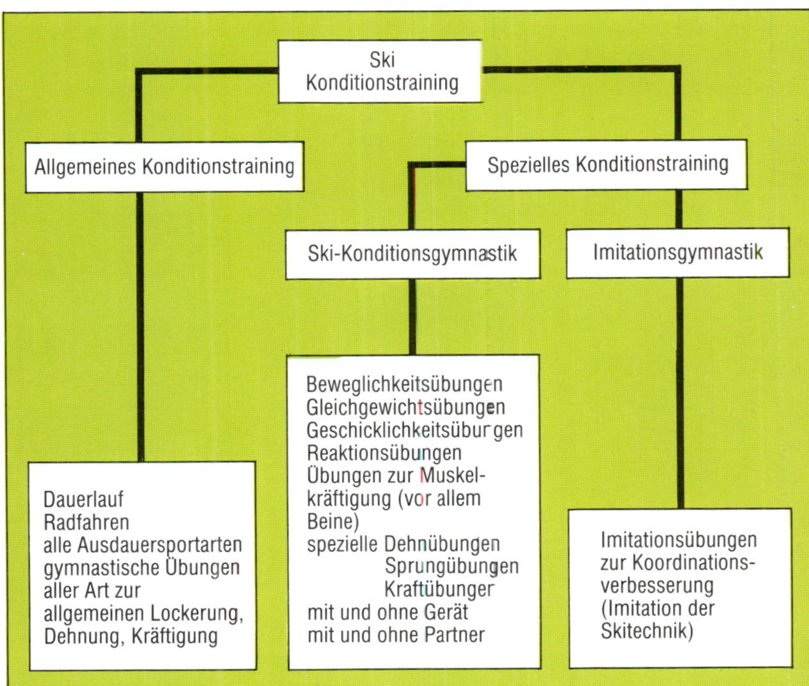

Skigymnastik – gestern und heute

Von der alten Skigymnastik zur modernen Ski-Konditionsgymnastik

Ski-Konditionsgymnastik als Trockentraining für den Skiläufer ist nicht neu. Ein Rückblick in die Skigeschichte bestätigt dies, denn schon vor der Raumfahrt war die Skigymnastik aktuell. Neu sind heute lediglich Definition, Konzeption und Methodik dieser bewährten Form des Konditionstrainings.

»Skigymnastik als eine Form der Zweckgymnastik ist seit der Entwicklung einer ersten Skilauftechnik stets eine aktuelle Notwendigkeit gewesen.

Sie wandelte sich vom Trockenskikurs mit angeschnallten Skiern (Wendeübungen usw.) zu Skiturnübungen ohne Skier, verarbeitete später die Erkenntnisse der Gymnastikschulen zu einem System von Übungen, durchlief die Entwicklung der Leibesübungen von exerziermäßigem Drill zu aufgelokkerten Zweckformen, erfuhr Anerkennung und vollkommene Ablehnung, taucht als Morgengymnastik auf und als Einleitung von Skikurstagen. Ihre Durchführung wechselt zwischen mechanischem Vorüben von einzelnen Stellungen und einer reinen Körperschule.

In den 30er Jahren setzte sich bereits die Ansicht durch, eine bestmögliche Vorbereitung müsse durch vielseitige körperliche Betätigung allgemeine Grundlagen schaffen, und es könnten Bewe-

Skigymnastik anno dazumal: Trockenskikurs in der Turnhalle aus dem Jahre 1928.

Skigymnastik heute: Training der Ski-Kondition durch »Slalomlaufen«.

gungsgefühl und Raumempfinden in der für den Skilauf günstigsten Form vorgeschult werden (Gaulhofer, Groll, Bachmaier, Ehgartner). Auch die Arbeit im Freien, etwa Kurvenlauf am Hang, Querfeldeinläufe und Ausgleichssport fanden bereits Beachtung.« So formulierte es ein weiterer Skigymnastik-Pionier–Professor Hermann Rieder. Skigymnastik ist also nicht neu, doch es hat lange gedauert, bis die in der Skiliteratur ziemlich stiefmütterlich behandelte Skigymnastik mit der Entwicklung der modernen Skitechnik Schritt halten konnte. Bachmaier konstruierte seine »Schigymnastik« (München 1933) nach sehr modernen Gesichtspunkten, ganz auf die Skischule Winkler, Groll seine »Vorbereitung der Skiläufer« (Wien 1938) nach dem System und der Lehrweise des natürlichen Turnens. Inzwischen wurde die Skitechnik von Grund auf revolutioniert. Die von Kruckenhauser entwickelte Skitechnik mit ihren Schlagworten Verwinden – Gegenschulter – Fersendrehschub – Hüftknick und Beinspiel ließ das Vorüben von Bewegungsabläufen durch Gymnastik wieder wesentlich mehr in den Vordergrund treten. Seitdem der Skilauf international universeller und konditionell anspruchsvoller geworden ist, wird auch der Inhalt der modernen **Ski-Konditionsgymnastik** universeller gefaßt. Nachdem man sich heute mehr

Skigymnastik – gestern und heute

Gedanken zur Lerneffektivität im Skiunterricht und zur Vermeidung von Unfällen macht, hat sich auch der bislang vor allem mit Schweiß verbundene Geschmack der Skigymnastik verändert. Zusammenfassend ein paar ergänzende Sätze ohne Anspruch auf Vollständigkeit und ohne eingehende Interpretation:

- **Skigymnastik** ist hervorragend geeignet, Breiten- und Freizeitsportler auf die körperlichen Anforderungen des Skilaufs vorzubereiten. Ein hochwirksames Mittel zur Unfallverhütung und zur Sicherheit beim Skilauf.
- **Skigymnastik** ist wie Skilaufen-Lernen eigentlich Bewegungs-Lernen. Viele Bewegungsstrukturen des Skilaufs, wie z. B. Beugen – Strecken, Drehen und Gegendrehen, Wechsel von Vorlage – Rücklage, einbeinige Belastung – beidbeinige Belastung, können in Form eines »Trokkenskikurses« vortrainiert werden. Dazu kommen die Grundstellungen, wie z. B. Schußfahrt – Schrägfahrt – Winkelstellung – offene und geschlossene Skistellung, die mit diesen Bewegungsstrukturen wie bei einer skimethodischen Standübung kombiniert werden können.
- **Skigymnastik** beinhaltet neben dem Training der körperlichen Grundeigenschaften Kraft, Schnelligkeit, Ausdauer, Beweglichkeit und Gewandtheit auch das Training von ganz speziellen muskulären Aktionen aus dem Skilauf wie z. B. Anspannen – Entspannen, Dehnen – Lockern, Wechsel von bremsender – haltender und beschleunigender Muskeltätigkeit, das heißt, man trainiert hierbei abwechselnd statische und dynamische Muskelarbeit. Dadurch wird besonders die Muskelelastizität positiv beeinflußt.
- **Skigymnastik** ermöglicht, die Grenzen der Beanspruchung und Belastung beim Skilauf kennenzulernen. Dadurch werden nicht nur Möglichkeiten zur Anpassung und Korrektur aufgezeigt, sondern auch Angst und Verkrampfung – im physischen und psychischen Sinne – eingeschränkt oder gar von Anfang an ausgeschaltet.
- **Skigymnastik** ist Ausgleich und Motivation zugleich. Skigymnastik – richtig verstanden und praktiziert – hat mehr zu bieten als im allgemeinen vom Skilauf her an Bewegungsmöglichkeiten und Bewegungsumfang verlangt wird. Dadurch wird einerseits der körperlichen Einseitigkeit und Bewegungsarmut der perfekten Skiläufer entgegengewirkt, andererseits auch durch die Möglichkeit der Imitation der Skitechnik »abseits der Piste« ausreichend Motivation für Skiläufer aller Alters- und Könnensstufen vermittelt.

Warum Ski-Konditionsgymnastik

Welche Anforderungen stellt der Skisport an uns?
Hier geht es weniger um die Anforderungen hinsichtlich Ausrüstung und Sicherheit. Die Probleme, die damit zusammenhängen, werden alle Jahre wieder von Sportärzten und Ausrüstungsexperten diskutiert. Nach wie vor steigen die Unfallzahlen; zudem wurde festgestellt, daß eine Verlagerung der Verletzungen stattfindet: Verletzungen der Wirbelsäule sowie Brüche und Bänderrisse im Kniegelenksbereich nehmen zu. Die »funktionelle Ausrüstung« (vor allem extrem hohe Stiefelschäfte) verschiebt die »Bruchstelle« nach oben. Unter der modernen Rücklagetechnik muß vor allem das Kniegelenk leiden. Erhöhtes Fahrtempo ist für häufig auftretende Hüft- und Schädelverletzungen und Schulterluxationen verantwortlich zu machen.

Nicht nur der alpine Skisport, sondern auch der neuerdings so beliebte Skilanglauf bringt Probleme. Die Verletzungsarten unterscheiden sich dabei nur unwesentlich von denen der Pistenfahrer. Die größte Gefahr liegt jedoch in dem höheren Durchschnittsalter der Langläufer, weit verbreitetem Übergewicht und vor allem mangelndem Kreislauftraining. »Kreislaufkollapse« und »Herzinfarkte« sind an der Tagesordnung.

Warum Ski-Konditionsgymnastik

Analyse der konditionellen Anforderungen

1. Ski-Abfahren

Im alpinen Skisport werden zeitweise ziemlich hohe Anforderungen an Kreislauf und Atmung gestellt. Das gilt für den Anfänger gleichermaßen wie für den Rennläufer. Zwar hat man festgestellt, daß beim Ski-Abfahren primär muskuläre Haltearbeit und kurzfristige Muskelanspannungen erforderlich sind, die keine allzu große Dauer-Belastung des Herz- und Kreislaufsystems darstellen, doch hat man kurzfristige Herzfrequenzanstiege gemessen, die an die 200 Pulsschläge/Min. herankamen. Die hohen Herzfrequenzen sind teils durch die psychische Anspannung, teils durch die kurzfristigen muskulären Anforderungen gegeben.

Über das Ausmaß spezieller körperlicher Beanspruchung beim

Die wichtigsten skisportlichen Bewegungsaktionen sind: Beugen und Strecken sowie Drehungen im Fuß-, Knie- und Hüftgelenk in Verbindung mit Ausgleichsbewegungen in der Wirbelsäule.

Warum Ski-Konditionsgymnastik

Skilauf werden seit einiger Zeit von Sportmedizinern Tests durchgeführt. Einige Erkenntnisse davon sind: »Die Erschütterungen im Bereich der Hüfte sind beim Skifahren in derselben Größenordnung wie beim Laufen in Turnhallen oder auf Spiel- und Sportplätzen. Der Einfluß der Rückenschädigungen dürfte somit beim durchschnittlichen Skifahren etwa gleich groß bzw. kleiner sein wie beim Turnen und Spielen auf Sportplätzen und in Turnhallen. Die Erschütterungen am Schienbein sind beim Skifahren etwa 5- bis 10mal größer als beim Laufen in Turnhallen oder auf Spiel- und Sportplätzen. Diese bedeutend größeren Einflüsse müssen durch die unteren Extremitäten absorbiert werden. Das heißt, die Gelenke (Knie- und Hüftgelenke) und ihre entsprechenden Sehnen und Muskeln werden beim Skifahren bedeutend stärker beansprucht als beim Laufen.« (Forum Davos, 1974.)
Beschleunigungskräfte von bis zum 150fachen der Erdbeschleunigung ($^1/_{100}$ und $^1/_{1000}$ sec) können auf die Knochen eines Skifahrers einwirken, das sind – man höre und staune – höhere Belastungen, als z. B. Astronauten bei Start und Rückkehr aushalten müssen.
Natürlich sollte das Konditionstraining auf derartige Erfahrungen abgestimmt werden.
Einen großen Einfluß auf das gute Gelingen der Skitechnik beim Abfahren hat die Technik. Besonders günstig auf die Technik wirken sich

Die Lungenfaßkraft bei verschiedenen Sportarten im Vergleich: Skilangläufer haben eine hohe Sauerstoffaufnahmefähigkeit.

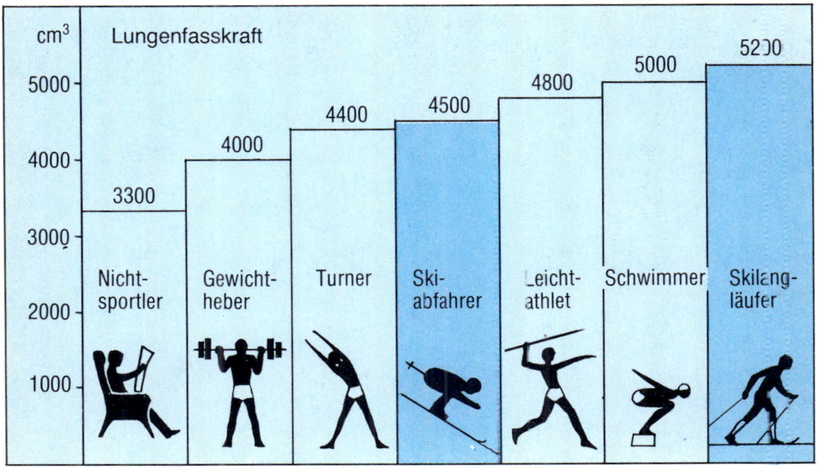

Warum Ski-Konditionsgymnastik

die Verbesserung der physischen Eigenschaften – Kraftausdauer, Schnellkraft und Maximalkraft – sowie die Entwicklung der Gewandtheit aus. Ein gezieltes Training dafür sollte deshalb bereits in der schneelosen Zeit durchgeführt werden.
Ski-Konditionstraining mit allgemein entwickelndem Charakter ist die beste Möglichkeit, die leistungsbestimmenden Faktoren zu verbessern. Besonderer Wert ist dabei auf das Training der speziellen Gewandtheit zu legen. Übungen, in denen die Geschicklichkeit der Beine, die Wendigkeit, Balance und Gleichgewicht entwickelt werden, sind deshalb besonders wichtig. Die Ski-Konditionsgymnastik macht's möglich.

2. Ski-Langlaufen
Beim Ski-Langlauf ist die Funktion des Herz-Kreislauf-Systems vorrangig. Spitzenläufer verfügen über sehr stark vergrößerte Herzen und eine hohe Sauerstoffaufnahmefähigkeit. Während beim Ski-Abfahren die lokale Muskelausdauer, Kraft und Reaktionsschnelligkeit wichtig sind, wird beim Ski-Langlaufen deshalb die allgemeine Ausdauer im Training forciert, aber

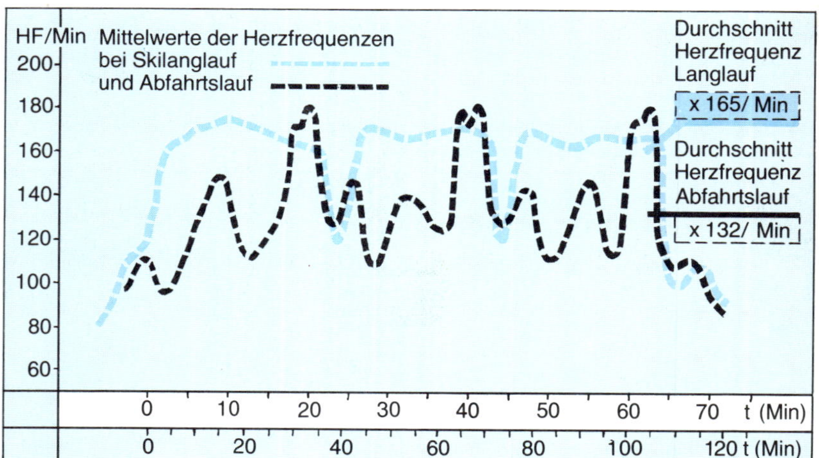

Das Verhalten der Herzfrequenz beim Skilanglauf und Abfahrtslauf (Mittelwerte von 10 Versuchspersonen).
Beim Skilanglauf findet sich ein gleichmäßig hoher Wert für die Herzfrequenz, der von kurzen Pausen für die Blutentnahme unterbrochen wird. Beim Abfahrtslauf kommt es jeweils bei dem Aufstieg zu einer leichten Steigerung der Herzfrequenz, während des Liftens zu einem Abfall. Bei den Abfahrtsläufen selbst finden sich Erhöhungen über 180/Min. (Quelle: Sportarzt und Sportmedizin)

Kennzeichen der Langlaufbewegung ist die »Lokomotion« (»Bewegung vom Ort«): Fortbewegung durch die gegensinnigen Bewegungen der Gliedmaße sowie der Schulter- und Beckenachse.

auch das Kraftausdauertraining. Ski-Abfahren und Ski-Langlaufen unterscheiden sich also hinsichtlich ihrer Belastungsformen deutlich. Ein allgemeines Konditionstraining mit Übungen zur Ausbildung der Kraft, Schnelligkeit, Beweglichkeit ist neben dem Ausdauertraining jedoch nicht zu vergessen. Auch der Skilangläufer kommt demnach nicht ohne spezielles Konditionstraining aus.

Trainingstheorie

Was ist Konditionsgymnastik?

Unter Gymnastik versteht man eine allgemeine Körperbildung. Konditionsgymnastik ist demnach eine gymnastische Übungs- und Trainingsform zur Erhaltung oder Steigerung eines allgemeinen oder speziellen Trainingszustandes.

Ski-Konditionsgymnastik beinhaltet die gymnastische Konditionierung des Skiläufers im Hinblick auf die Verbesserung der allgemeinen und skispezifischen Kondition.

Zweck der Gymnastik ist:

- die motorischen Eigenschaften Kraft, Ausdauer, Schnelligkeit, Gewandtheit und Gelenkigkeit zu trainieren;
- die Muskulatur zu lockern, dehnen, erwärmen und kräftigen;
- die Bewegungsmöglichkeit des Körpers so zu verbessern, daß alle Gelenke, Muskeln, Sehnen und Bänder ungehemmt bewegt werden können; die Koordinationsfähigkeit des Menschen hinsichtlich der optimalen und gezielten Ausführung von Bewegungen zu steigern.

Was heißt Kondition?

Jeder Mensch, so natürlich auch jeder Skisportler, benötigt ein gewisses Maß an Kondition, entsprechend seiner körperlichen Betätigung.

Unter Kondition im Sport versteht man allgemein die Summe aller leistungsbestimmenden körperlichen Fähigkeiten und ihre Realisierung durch Persönlichkeits-Eigenschaften. Also die physische und psychische Verfassung eines Menschen wird als Kondition bezeichnet.

Konditionsgymnastik in Form von Partnerübungen.

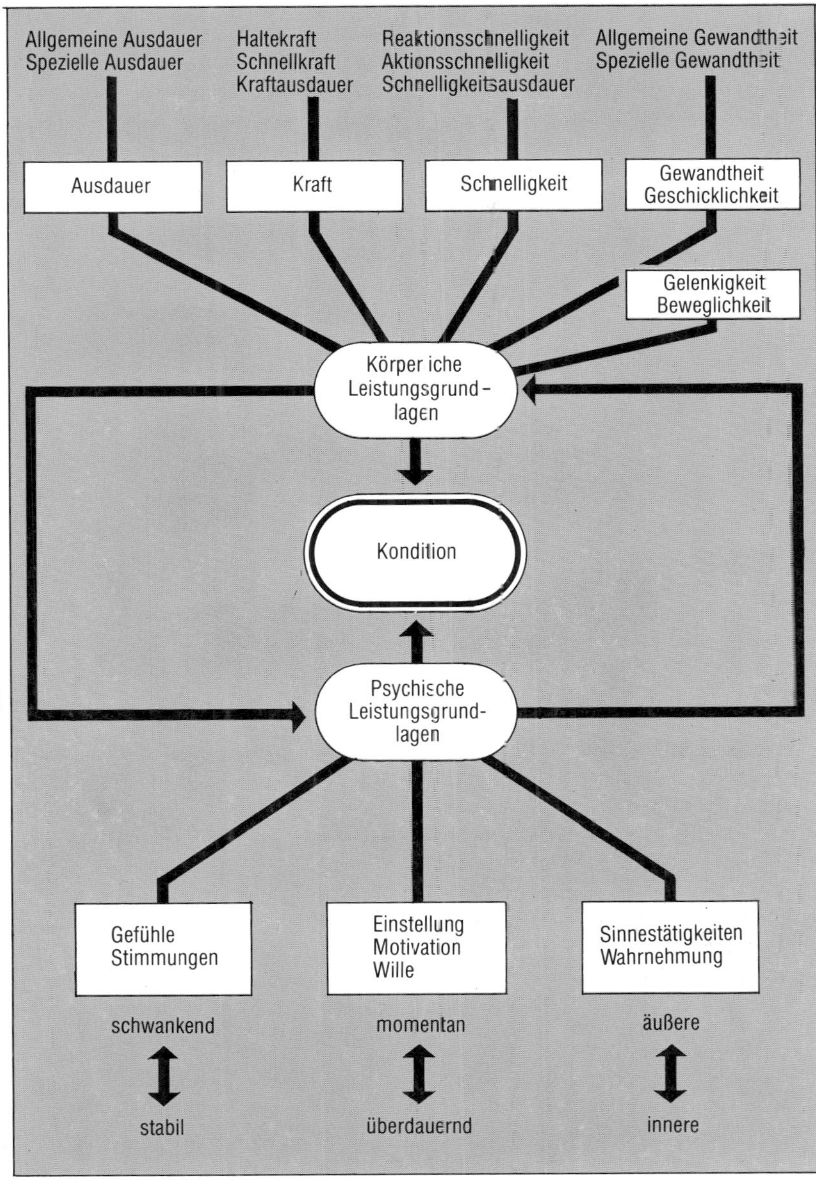
Allgemeine Ausdauer
Spezielle Ausdauer
Haltekraft
Schnellkraft
Kraftausdauer
Reaktionsschnelligkeit
Aktionsschnelligkeit
Schnelligkeitsausdauer
Allgemeine Gewandtheit
Spezielle Gewandtheit
Ausdauer
Kraft
Schnelligkeit
Gewandtheit
Geschicklichkeit
Gelenkigkeit
Beweglichkeit
Körperliche Leistungsgrundlagen
Kondition
Psychische Leistungsgrundlagen
Gefühle
Stimmungen
Einstellung
Motivation
Wille
Sinnestätigkeiten
Wahrnehmung
schwankend
stabil
momentan
überdauernd
äußere
innere

Trainingstheorie

Welche Konditionselemente sind für den Skisportler wichtig?

Im Rahmen des skigymnastischen Konditionstrainings müssen vor allem folgende körperliche Fähigkeiten trainiert werden:

Grundeigenschaften	Bedeutung
Kraft Körperliche Kraft versetzt den Menschen in die Lage, eine Masse – seinen eigenen Körper, ein Sportgerät, eine andere Last – zu bewegen oder gegen eine von außen angreifende andere Kraft Widerstand zu leisten. Die Kraft ist die wichtigste der physischen Grundeigenschaften.	Die Bewegungen beim Skilaufen erfordern eine gewisse Beinkraft, aber auch der Bauch- und Rückenmuskeln. Die Beinkraft ist teils als Haltekraft, teils als Schnellkraft, teils als Kraftausdauer zu trainieren. **Haltekraft** wegen dauernder Beugung im Kniegelenk, z. B. bei der Schußfahrtstellung. **Schnellkraft** wegen Ausführung von schnellen Bewegungen bei hoher Geschwindigkeit, z. B. beim »Schlucken von Buckeln«.
Schnelligkeit Die Schnelligkeit ist diejenige Bewegungseigenschaft, durch die Bewegungsabläufe mit hoher Geschwindigkeit ausgeführt werden können.	Im Sinne der Reaktionsschnelligkeit bei unvorhersehbaren Situationen notwendig. Auch zur Ausführung schneller Drehungen (Slalom).
Ausdauer Die Ausdauer ist die Fähigkeit des Menschen, eine Bewegung über einen längeren Zeitraum hinweg auszuführen und dabei der Ermüdung zu widerstehen.	Skilaufen erfordert nicht nur allgemeine Ausdauer (Kreislaufanpassung), sondern auch spezielle Kraftausdauer (Beine), um über eine oder mehrere Abfahrten hinweg gleiche Leistungen zu bringen. Für den Langläufer ist die Kraftausdauer genauso wichtig wie die aerobe und die anaerobe Ausdauer.

Grundeigenschaften	Bedeutung
Beweglichkeit/Gelenkigkeit Sie ist diejenige Eigenschaft des Menschen, die es ihm ermöglicht, alle Gelenke und Gelenkkombinationen ungehemmt mit großer Schwingungsweite zu bewegen. Die Beweglichkeit ist Voraussetzung für die Herausbildung der Gewandtheit und Schnelligkeit, bis zu einem gewissen Grad aber auch der Ausdauer und Kraft.	Ohne ausreichende Beweglichkeit der Wirbelsäule und Gelenke sowie Dehnfähigkeit der Muskulatur ist die Skitechnik nicht perfekt zu erlernen. Große Gelenkigkeit wirkt sich auf die Koordinationsfähigkeit und das Gleichgewichtsvermögen positiv aus.
Gewandtheit/Geschicklichkeit Unter Gewandtheit versteht man eine gute Koordinationsfähigkeit der Motorik des gesamten Körpers auf der Grundlage einer großen Beweglichkeit der Nervenprozesse.	Wichtig bei der zeitlichen und räumlichen Steuerung von Bewegungsabläufen in verschiedenen Fahrsituationen hinsichtlich einer rationellen Technik. Gleichgewichtsvermögen, Wendigkeit der unteren Extremitäten.

Trainingstheorie

Grundsätzlich unterscheidet man zwischen allgemeiner Kondition und spezieller Kondition.

Konditionsform	Anwendung	Konditionselemente
Allgemeine Kondition (linkes Bild)	als Grundlage für alle Sportarten im Leistungssport	Kraft Schnelligkeit Ausdauer Gelenkigkeit/ Beweglichkeit Gewandtheit
Spezielle Kondition (rechtes Bild)	Ski alpin	Maximalkraft Schnellkraft Kraftausdauer anaerobe Ausdauer Gelenkigkeit Reaktionsschnelligkeit
	Ski nordisch	aerobe und anaerobe Ausdauer Kraftausdauer

Konditionselemente und Trainingsalter (nach Grosser)

Trainingsstufen	Zeitraum in Jahren	Trainingshäufigkeit pro Woche	Maximalkraft	Schnellkraft	Kraftausdauer	aerobe Ausdauer	anaerobe Ausdauer	Reaktionsschnelligkeit	azykl. max. Schnelligkeit	zykl. max. Schnelligkeit	Gelenkigkeit
Grundlagentraining (Anfängerstufe)	2–4 Jahre	3–4mal	14–15	10–13/14	12–14	8–12	12–14/15	8–12	10–13	10–13	5–8
Aufbautraining (Fortgeschrittenenstufe	2–4 Jahre	4–8mal	16–18	14–16	16–18	13–16	15–17	13–16	13/14–16	13/14–16	9–12
Leistungstraining (Könnensstufe)	2–3 Jahre	6–10mal	18–20	17–18	18–19	16/17–18	17/18–19	16/17–18	17–18	17–18	13–15
Hochleistungstraining (Spitzenathleten)	nach ca. 6–9 Jahren	8–22mal	ab 20	ab 18/19	ab 19/20	ab 18	ab 20	ab 18/19	ab 18/19	ab 18	ab 16

Trainingstheorie

Was ist Training?

Wer sich konditionell fit machen will, der sollte die theoretischen Grundbegriffe des Trainings kennen. »Fit sein« heißt, sich durch Training in gute Kondition zu bringen.

Unter dem Begriff Training versteht man ein nach einem festen Trainingsplan durchgeführtes Üben mit dem Ziel, die sportliche Leistungsfähigkeit zu steigern.

Die sportliche Leistungsfähigkeit ist die Summe mehrerer leistungsbestimmender Fähigkeiten, die nicht nur für den Leistungssportler von Bedeutung sind, sondern auch im Freizeit- und Fitnessport Gültigkeit haben.
Jede Verbesserung der Kondition kann nur durch Training erfolgen. Training ermöglicht also eine höhere Stufe der Anpassung, die nicht nur allein der höheren Leistungsfähigkeit dient, sondern den ganzen Organismus in die Lage versetzt, seine Funktionstüchtigkeit zu steigern und alle ungünstigen Einflüsse erfolgreich abzuwehren, d. h. seine Gesundheit zu erhalten.
Der menschliche Organismus reagiert auf Training ganz allgemein mit folgenden Anpassungserscheinungen:

Auswirkung des Trainings auf Organsysteme

Herz
Leistungssteigerung durch Vermehrung der Herzmuskelmasse, Verminderung der Schlagzahl des Herzens, bessere Ausnutzung des Sauerstoffs im Herzen, geringere Pulsfrequenzsteigerung, größeres Schlagvolumen, mit gleicher Menge Sauerstoff mehr Arbeitsleistung (Schongang!), das trainierte Herz braucht im trainierten Organismus weniger Arbeit zu leisten.

Kreislauf
Kreislaufanpassung, Schlagzahlverminderung, niedriger Blutdruck und bessere Ausnutzung des Sauerstoffs, Vermehrung des Blutvolumens und der roten Blutkörperchen, größere Sauerstofftransportfähigkeit des Blutes.

Muskulatur
Bessere Versorgung der Muskulatur mit Sauerstoff, langsamere Ermüdung und schnellere Erholung, Kraftzuwachs, Zunahme der Ausdauer, bessere Koordination, Vermehrung der Haargefäße, dadurch größere Sauerstoffaufnahmefähigkeit, Verdickung der Muskelfasern, Maximum an Leistung mit einem Minimum an Kraft, besserer Abtransport von Stoffwechselprodukten, Lockerheit. Im Muskel vermehren sich Stoffe, die für die Energiebildung wesentlich sind.

Atmung
Normalisierung der Atmung, günstiges Verhältnis zwischen Atemfrequenz und Atemtiefe, besseres Mischungsverhältnis von Frischluft und verbrauchter Luft, Kräftigung der Atemmuskulatur, bessere Koordination von Atem- und Bewegungsrhythmus, gesteigerte Lungendurchlüftung, größere Lunge mit größerem Gewicht und größerer innerer Oberfläche (Lungenfaßkraft), Steigerung des Atemminutenvolumens.

Verdauung und Stoffwechsel
Gesteigerte Verbrennung und Normalisierung der Appetitregulation, größere Durchblutung der Leber. Stoffwechselvorgänge laufen ökonomischer ab.

Trainingsprinzipien

Jedes Training muß abwechslungsreich sein. Das gilt besonders für das Grundlagentraining, bei dem die allgemeinen konditionellen Fähigkeiten entwickelt werden. Zur Ausbildung einer ski-speziellen Kondition bedarf es differenzierter Trainingsmethoden. Bei den Trainingsmethoden unterscheidet man in **Belastungsmethoden** und **Wiederherstellungsmethoden.**
Durch entsprechende Belastungsmerkmale können ganz spezifische Trainingsreize bewirkt werden.

Belastungsmerkmale
Leistungsfördernde Belastungsmerkmale im Trainingsprozeß sind:

Reizstärke	Reizumfang	Reizdichte	Reizdauer
Die persönliche Bestleistung entspricht einer Reizstärke von 100%. Die Reizstärke von z.B. 70% drückt das Verhältnis der gedachten Kraftanstrengung zur persönlichen Bestleistung aus.	Die Summe oder die Anzahl der Wiederholungen oder die Summe der zurückgelegten Strecke bzw. Gewichte bestimmen den Reizumfang.	Die Reizdichte ergibt sich aus dem Verhältnis der zeitlichen Folge von Belastung und Pausen.	Darunter versteht man die Zeitdauer der Belastung, während der ein Trainingsreiz auf den Organismus ausgeübt wird.

Wichtig: Zwischen allen Belastungsmerkmalen besteht ein enges Zusammenspiel und eine ständige gegenseitige Beeinflussung.

Belastungsmethoden
Jede Belastung führt zu einer Veränderung, auf die der Körper mit Anpassung reagiert. Die **Anpassung** stellt die Grundlage der **Leistungssteigerung** dar. Aus der verschiedenen Mischung der einzelnen Belastungsmerkmale haben sich verschiedene **Belastungsmethoden** entwickelt. Die Belastungsmethoden basieren auf der Beziehung Belastung – Ermüdung – Erholung – Trainingswirkung.

Dauerleistungsmethode
Die Dauerleistungsmethode wird durch das **Üben ohne Pause** gekennzeichnet. Der Belastungsumfang ist deshalb sehr hoch, die Belastungsintensität relativ gering. Die Übung wird entweder sehr lange durchgehalten oder ohne Pause viele Male wiederholt, also hohe Reizdauer.

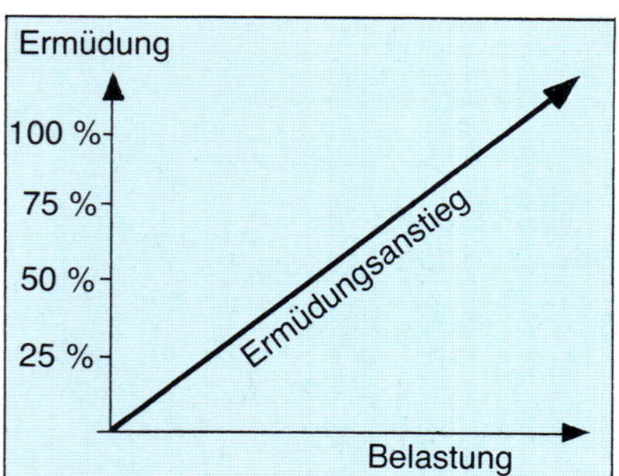

Trainingseffekt:
Steigerung der allgemeinen Ausdauer (Langzeitausdauer).

Intervallmethode
Bei der Intervallmethode werden Pausen zwischen die Übungsdurchgänge geschaltet. Charakteristisch ist, daß die nächste Belastung schon beginnt, bevor sich der Sportler völlig erholt hat. Physiologen haben nämlich festgestellt, daß der Sportler nach einem Drittel der für die Gesamterholung nötigen Zeit bereits zu zwei Dritteln erholt ist. Eine zeitlich so gestaltete Pause nennt man **»lohnend«.** Als Anhaltspunkt dient hierbei die Pulsfrequenz.

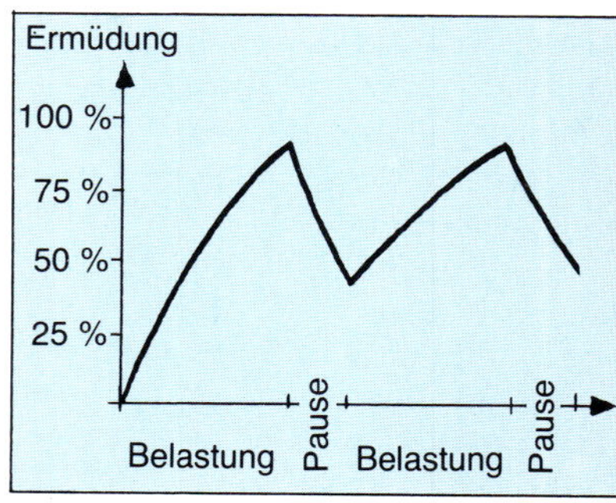

Man unterscheidet hierbei:
Intensive Intervallmethode heißt 5–10maliges Ausführen einer Übung mit 50–80%iger Intensität.
Bewegungstempo: explosiv.
Serien: 4–6.
Pausen: 2–5 Min. nach jeder Serie.
Trainingseffekt:
Steigerung der speziellen Ausdauer (Schnelligkeitsausdauer), Schnellkraft.
Extensive Intervallmethode heißt 10–30maliges Ausführen einer

Übung mit 30–50%iger Intensität.
Bewegungstempo: schnell.
Serien: 4–6.
Pausen: 30–90 sec pro Serie.
Trainingseffekt:
Steigerung der allgemeinen Ausdauer (Mittelzeitausdauer).

Wiederholungsmethode
Die Wiederholungsmethode wird durch hohe Belastungsintensität gekennzeichnet (90–100%). Deshalb kann die Belastungsdauer auch nur kurz sein. Die Erholungspause dauert lang, weil aufgrund der hohen Intensität eine starke Ermüdung eintritt. Eine erneute Belastung sollte erst nach vollständiger Erholung erfolgen.

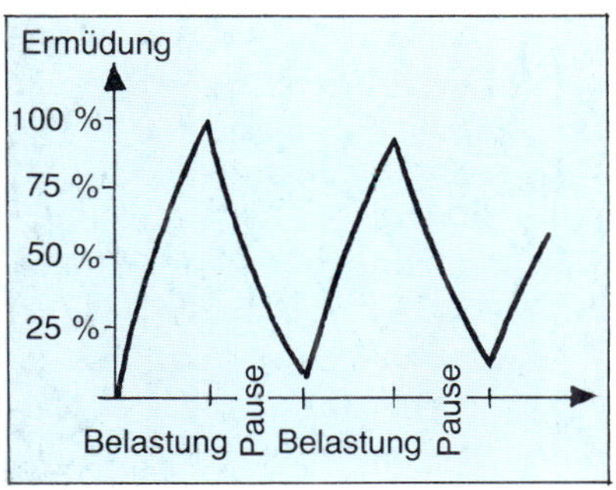

Die Wiederholungsmethode sollte erst nach längerem Training (mindestens 6 Monate) angewandt werden. Bei Kindern und Jugendlichen ist Vorsicht geboten.
Trainingseffekt:
Steigerung der Maximalkraft, Schnellkraft, Schnelligkeit und Schnelligkeitsausdauer.

»Slalomlaufen« im Gelände.

Belastung – Erholung – Trainingswirkung

Die optimale Belastungsdosierung im Training ist nicht leicht zu finden. Nur durch die richtige Gestaltung des Verhältnisses zwischen **Belastung** und **Erholung** erfolgt eine Anpassung der Leistungsfähigkeit über das Ausgangsniveau hinaus. Dies bezeichnet man als **Überkompensation.** Richtige und falsche Belastungsdosierung wird durch die folgenden Beispiele auf Seite 28 verdeutlicht.
Bei Anfängern vollzieht sich die Überkompensation, also höheres Leistungsniveau schneller. Normalerweise dauert dieser Vorgang Wochen und Monate. Darauf aufbauend erhöht sich auch die Belastungsverträglichkeit, d. h. die gleiche Belastung ermüdet weniger. Wird die Belastung reduziert, bildet sich auch die Anpassung zurück.

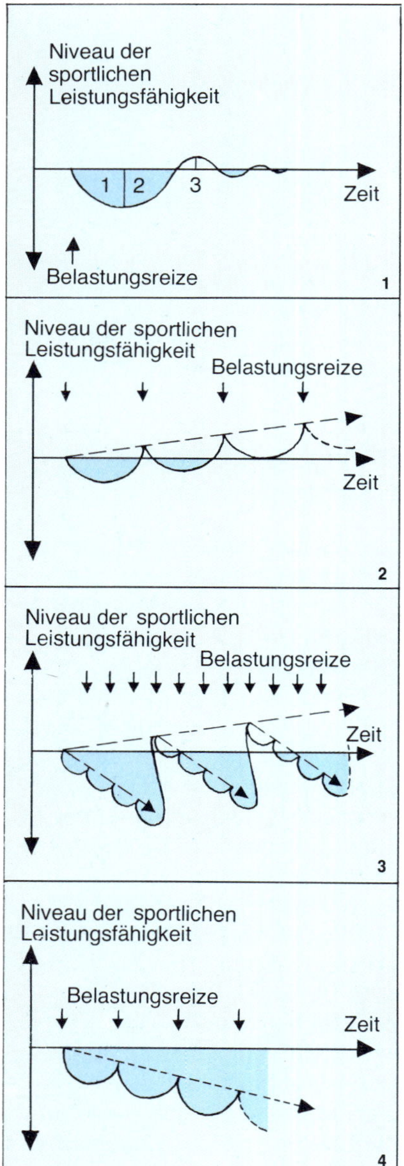

Zusammenhänge zwischen richtiger und falscher Trainingsbelastung hinsichtlich der Leistungssteigerung (nach Weineck):

1 Durch Belastungsreize zunächst Abnahme (1) der Leistungsfähigkeit, dann Wiederanstieg (2) und Anpassung über das Ausgangsniveau (3) hinaus (Superkompensation).
2 Leistungssteigerung durch richtige Dosierung der Belastungsreize.
3 Belastungsreize in der Phase der unvollständigen Erholung wirken sich leistungssteigernd aus.
4 Durch falsche Dosierung der Belastungsreize kommt es zum Leistungsabfall: »Übertraining«.

Pulskontrolle

Die beste Kontrollmöglichkeit für alle diese Vorgänge in der Trainingspraxis ist die Pulskontrolle. Das Zählen der Pulsschläge ist eine einfache **Methode zur Kontrolle der Herztätigkeit.** Bekanntlich wird durch die Kontraktion des Herzens immer eine bestimmte Blutmenge, das sogenannte Schlagvolumen, in den Körperkreislauf gepumpt. Die sich dabei ergebende Blutwelle, die demnach der Anzahl der Herzkontraktionen gleichzusetzen ist, ist bei jedem Menschen spürbar zu fühlen, nämlich an der Oberfläche von Arterien (siehe Skizze S. 29).

So wird der Puls gefühlt (bitte gleich mitmachen): Am besten geeignet für jedermann ist die Messung an der Speichenarterie (Handgelenk) und an der Halsarterie (Hals).

Handgelenk: Der Daumen liegt auf der Streckseite des Unterarmes (Elle), Zeige-, Mittel- und Ringfin-

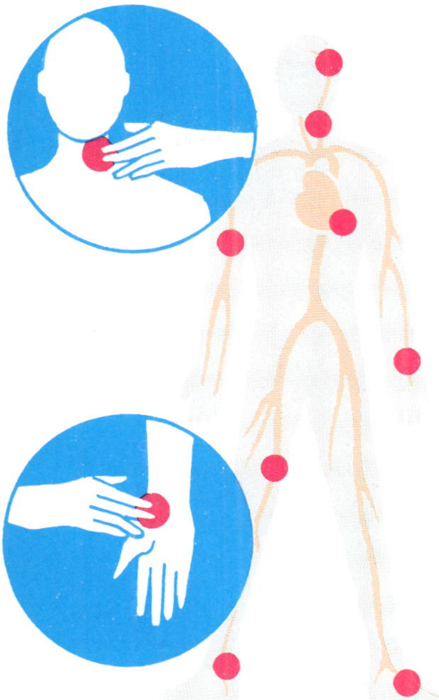

ger umfassen gemeinsam die Speichen-Daumenseite. Bei einem leichten Druck läßt sich der Puls ohne Schwierigkeiten fühlen.

Hals: Eine Hand umfaßt den vorderen Hals, wobei die Fingerkuppen von der einen Seite, der Daumen von der anderen etwas gegen den Kehlkopf drücken. Besonders nach größerer Anstrengung sollte der Druck leicht sein.

Pulsfrequenz: Das Maß der Pulsfrequenz ergibt sich aus Pulsschlägen/pro Minute. Nun ist es aber nicht notwendig, eine volle Minute zu zählen, sondern es reichen 15 Sekunden aus. Die erreichte Zahl wird dann einfach mit 4 multipliziert. Messen Sie Ihren Puls regelmäßig:

- morgens (Ruhepause)
- vor Trainingsbeginn (Ausgangspuls)
- nach einer Trainingsbelastung (Belastungspuls)
- nach einer Trainingsbelastung in Abständen von 1, 2, 3, 4, 5, 10 Minuten.
- Tragen Sie zur Kontrolle Ihre Werte in ein Diagramm ein.

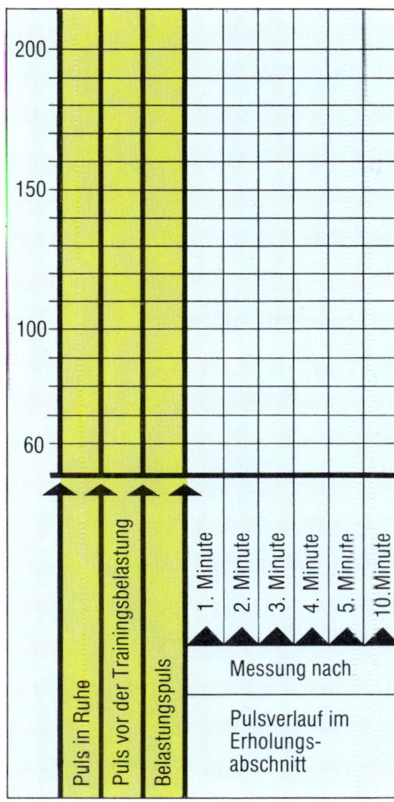

Trainingstheorie

Bestimmen des Ermüdungsgrades im Training (nach Harre modifiziert)

Gesamt-Trainings-belastung	geringe Trainings-belastung	normale Trainingsbelastung	Grenzbelastung im Training oder Wettkampf
	geringe Ermüdung	**starke Ermüdung**	**sehr starke Ermüdung**
Haut-verfärbung	geringe Rötung	starke Rötung	sehr starke Rötung oder Erbrechen oder blau anlaufen
Schweiß-ausbruch	geringer Schweiß-ausbruch	starker Schweißaus-bruch (besonders oberhalb der Gürtel-linie)	sehr starker Schweiß-ausbruch (besonders unterhalb der Gürtel-linie)
Atmung	beschleunigt, aber gleich-mäßig	sehr schnell und zeitweise durch den Mund	sehr schnelles kurzes und unregelmäßiges At-men durch den Mund
Bewegungen	normaler unver-änderter Gang	unsicherer Gang, »weiche Knie«	kraftlose und fehler-hafte unsichere Bewe-gungen und Taumel
Befinden	keinerlei Be-schwerden	Müdigkeit, Herz-klopfen, Schmerzen in den Beinen, Schwächegefühl	große Müdigkeit und Kopfschmerzen, Übel-keit, Stechen in der Brust, schwere Glieder

Belastungsarten

Die Höhe der Belastung im Training richtet sich nach der augenblicklichen Leistungsfähigkeit und dem momentanen Trainingszustand. Um eine Leistungssteigerung zu erzielen, gibt es verschiedene **Belastungsarten:**

1 Prinzip der allmählich steigernden Belastung.

2 Prinzip der sprungartigen Belastung.

3 Prinzip der variierenden Belastung.

In der Trainingspraxis zeigen sich bei dem ersten Prinzip nicht nur ansteigende, sondern auch stagnierende oder abfallende Anpassungsniveaus. Durch Variation in der Belastung (kontinuierlich und sprungartig) sowie in den Methoden (Intervall- und Dauermethode) kann die Leistung noch effektiver gesteigert werden. Z.B.:

1. Üben mit ansteigender Belastung.
2. Üben mit variierender Belastung.
3. Üben mit vollständigen Erholungspausen.
4. Üben mit unvollständigen Erholungspausen.
5. Üben ohne Erholungspausen.

Zusammenfassung

Ausdauer Widerstandsfähigkeit gegen Ermüdung bei sportlicher Belastung.
Kurzzeitausdauer Widerstandsfähigkeit gegen Ermüdung bei einer Belastung, für die der Sportler 45 sec bis 2 Min. benötigt.
Mittelzeitausdauer Widerstandsfähigkeit gegen Ermüdung bei einer Belastung zwischen 2 und 10 Min.
Langzeitausdauer Widerstandsfähigkeit gegen Ermüdung bei einer Belastung, für die der Sportler mehr als 10 Min. benötigt.

Beispiele (nach Sass/Hirtz aus »Lehrhilfen für den Sportunterricht« 11/79)

Ziel	Trainingsmethode	Belastungsintensität	Belastungsumfang	Belastungsdichte
Kurzzeitausdauer	vorwiegend Intervallmethode	maximal (85 bis 90%)	5 bis 10 × 45 sec bis 2 Min.	unvollständige Pausen
Mittelzeitausdauer	Dauermethode u. Intervallmethode	mittel bis submaximal	über 15 Min. 2 bis 6 × 2 bis 10 Min.	keine Pausen, unvollständige Pausen
Langzeitausdauer	vorwiegend Dauermethode	mittel	über 15 Min. (steigend)	keine Pausen

Trainingstheorie

Kraft Fähigkeit, durch Muskeltätigkeit Widerstände zu überwinden bzw. ihnen entgegenzuwirken.
Maximalkraft Kraft, die das Nerv-Muskel-System bei maximaler Kontraktion auszuüben vermag.
Schnellkraft Fähigkeit, Widerstände mit einer hohen Kontraktionsgeschwindigkeit zu überwinden.
Kraftausdauer Widerstandsfähigkeit gegen Ermüdung bei langandauernden Kraftleistungen.

Ziel	Trainingsmethode	Belastungsintensität	Belastungsumfang	Belastungsdichte
Maximalkraft	Wiederholungsmethode	maximal 80 bis 100%	2 bis 5 Serien mit 1 bis 8 Wiederh. je Serie	vollständige Pause 2 bis 5 Min. Serienpause
Schnellkraft	Wiederholungsmethode	maximal explosiv	2 bis 5 Serien mit 5 bis 10 Wiederh. je Serie	vollständige Pause 2 bis 5 Min. Serienpause
Kraftausdauer	Intensive Intervallmethode, Dauermethode (Kreistraining)	mittel	20 bis 50 Wiederh. Mehrere Serien	unvollständige Pausen 1 bis 2 Min. Serienpause

Schnelligkeit Fähigkeit, motorische Aktionen mit höchster Geschwindigkeit auszuführen.
Reaktionsschnelligkeit Fähigkeit, Bewegungsvorgänge mit minimaler Verzögerung auszuführen.
Fortbewegungsschnelligkeit Fähigkeit, sich durch zyklische Bewegungen und höchstmögliche Geschwindigkeit fortzubewegen.
Schnelligkeitsausdauer Widerstandsfähigkeit gegen ermüdungsbedingten Geschwindigkeitsabfall.
Grundlegende Methode zur Entwicklung der Schnelligkeit: Wiederholungsmethode.

Ziel	Trainingsmethode	Belastungsintensität	Belastungsumfang	Belastungsdichte
Fortbewegungsschnelligkeit	Wiederholungsmethode	submaximal bis maximal	5 bis 10 × bis 6 sec	vollständige Pausen
Schnelligkeitsausdauer	Wiederholungsmethode	submaximal bis maximal	5 bis 10 × 7 bis 45 sec	vollständige Pausen

Wie man Ski-Kondition trainiert und lehrt

Obwohl heute Skigymnastik schon »frei Haus« via Fernsehen ins Wohnzimmer geliefert wird, »konditionieren« sich jedes Jahr vor der neuen Skisaison Zehntausende von Skisportlern bereits in der schneelosen Zeit zwischen September und Dezember. Sei es in der Schule oder im Verein, im Wohnzimmer, Hobbykeller oder im Freien, es gibt viele Möglichkeiten, ein zielgerichtetes Konditionstraining durchzuführen.
Nicht ganz einfach ist manchmal die Stundengestaltung für den Lehrer, da er es häufig mit einem konditionell und von der Motivation her sehr unterschiedlichen Teilnehmerkreis zu tun hat.

Jede Trainingseinheit oder Übungsstunde sollte nach einem gewissen **Ordnungsrahmen** ablaufen. Das ist einerseits wichtig, um Verletzungen oder Unfälle zu vermeiden, andererseits um die optimalen psychologischen und physiologischen Bedingungen zu schaffen. Das bedeutet aber nicht, daß jede Übungseinheit der anderen gleichen sollte. Jede Übungseinheit gliedert sich in drei Teile:

1 **Vorbereitungsteil**
Aufwärmen – Auflockern – Vorbelastung – psychische Einstimmung

2 **Hauptteil**
Schwerpunkttraining

3 **Schlußteil (Ausklingenlassen)**
Erholung – Entspannen – Beruhigen

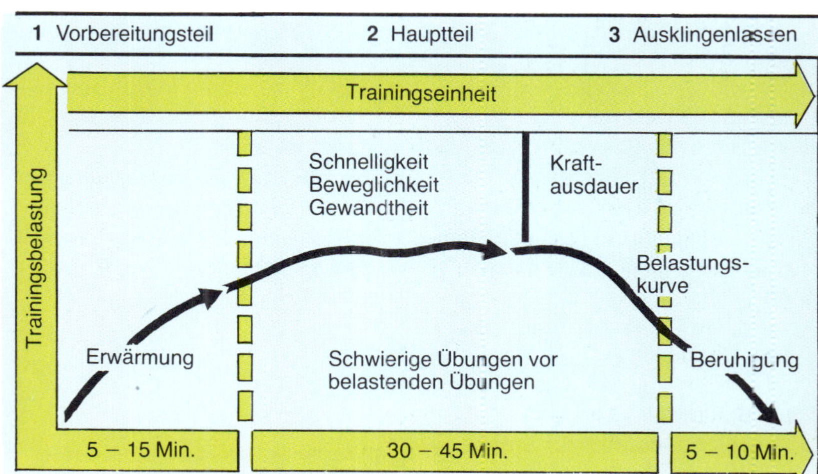

Trainingspraxis

Zu 1: Vorbereitungsteil

- Jede Übungsstunde sollte mit lockeren Lauf- oder Sprungübungen beginnen.
- Einfache gymnastische Formen sollen den ganzen Körper erfassen und erwärmen. Zweckmäßige Trainingskleidung fördert die Erwärmung.
- Vermeiden soll man schnelle Übungen im kalten Zustand. Allmähliches Steigern der Bewegungsintensität.
- Zum Schluß des allgemeinen Aufwärmens spezielle Vorbereitung auf den Hauptteil.

Zu 2: Hauptteil

- Übungsschwerpunkte setzen und konsequent verfolgen.
- Übungen zur Koordination, Reaktion und Schnelligkeit vor Konditionsübungen.
- Übungen zur Schnelligkeit und Schnellkraft vor Ausdauer und Kraftausdauer.
- Schwierige Übungen vor belastenden Übungen.
- Wechsel von Spannung und Entspannung beachten.
- Trotz Schwerpunktübungen keine Überbetonung (z. B. der Beinmuskulatur) – Pausen setzen.
- Möglichst rhythmische Ausführung. Mehr aktive, weniger passive Übungen.

Zu 3: Schlußteil

- Ausreichende Zeit zur Entspannung und Erholung lassen.

Alle diese Punkte gelten für jedermann und jede Art von Konditionsgymnastik.

Tips für den Übungsleiter, Lehrer und Trainer

Jeder Lehrer sollte den Gesamtrahmen des Ski-Konditionstrainings stets vor sich sehen (siehe Seite 9).
Nach diesem Rahmen sowie nach Alter, Geschlecht, Konditionsvermögen und Anzahl der Teilnehmer richtet sich der **Stundenaufbau.** Darüber hinaus sind folgende **Prinzipien der Unterrichtsgestaltung** zu beachten:

- Grundsätzlich vom Leichten zum Schweren –
  vom Bekannten zum Neuen vorgehen.
- Jede Übung kurz ansagen und exakt vormachen. Schwierige Formen präzise erklären. Wenig reden – viel üben.
- Beim Vormachen in der Bewegungsrichtung der Übenden demonstrieren.
- Auf die korrekte Ausführung der Übungen Wert legen. Positive Korrekturen vornehmen, wechselweise Gruppen- und Einzelkorrektur.

Gymnastische Grundformen mit den verschiedenen Kombinationsmöglichkeiten.

Stand

Grundstellung — enge und weite Seitgrätschstellung — Hockstand — Kniestand — Ausfall — Standwaage

Sitz

Strecksitz — Hocksitz — Schwebesitz — Grätschsitz — Hürdensitz — Kniesitz — Schneidersitz

Lage

Bauchlage — Rückenlage — Seitlage

Stütz

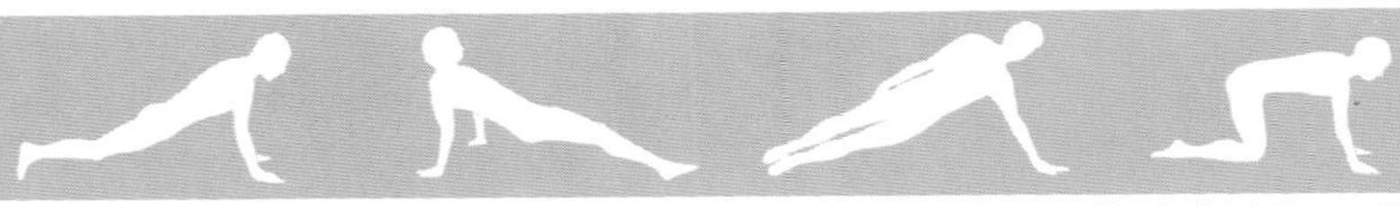

Liegestütz vorlings — Liegestütz rücklings — Liegestütz seitlings — Bank (Knieliegestütz)

Arme

in Hoch-, Vor-, Rück-, Seit-, Schlag-, Nacken-, Tiefhalte

Sonstige

Nackenstand

Die Bezeichnung der Haltungs- und Bewegungsrichtungen erfolgt unabhängig von der Körperstellung.

Durch die verschiedenen Variationen der Bewegungsausführung kann das Gymnastikprogramm sehr gezielt ausgerichtet werden.

Trainingspraxis

Aufstellungsarten

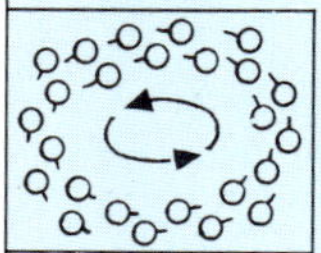

Lauf- und Sprungformen

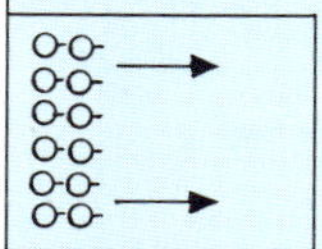

Lauf- und Sprungformen

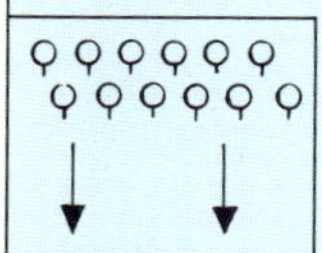

Lauf- und Sprungformen

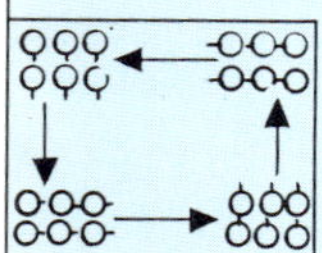

Lauf- und Sprungformen

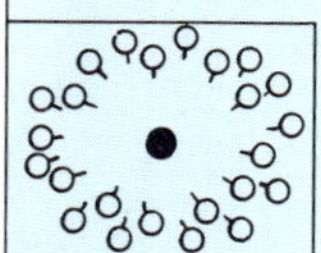

freie Aufstellung im Kreis am Ort

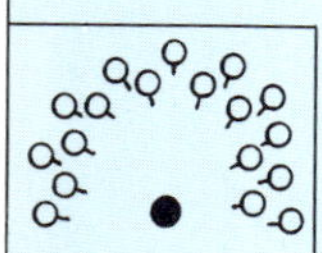

freie Aufstellung im Halbkreis am Ort

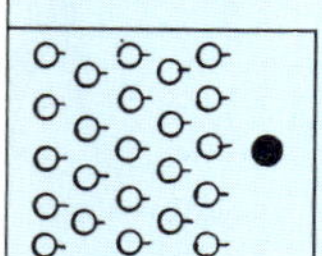

freie Aufstellung auf Lücke am Ort

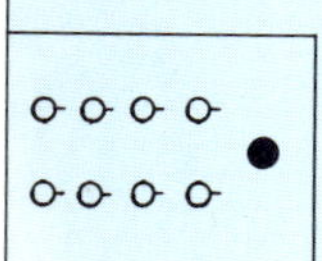

gebundene Aufstellung am Ort (Gassenaufstellung)

- Alle Übungen rhythmisch ausführen, dabei den Bewegungsrhythmus durch akustische Begleitung (Stimme, Musik usw.) positiv beeinflussen.
- Als Lehrer nicht alle Übungen mitmachen.
- Die **Bewegungsausführung** der Übungen variieren:

  1. Beispiel:
  Wechsel von schnell – langsam
  schwunghaft – geführt
  wippend – federnd

  2. Beispiel:
  Wechsel von schnellen und häufigen Wiederholungen mit langsamen und wenigen Wiederholungen

  3. Beispiel:
  Wechsel der rhythmischen Akzentuierung (z. B. einmal die Beuge-, einmal die Streckbewegung betonen)

- Die **Ausgangsstellung** variieren: z. B. Springen in die Grätschstellung im Stand. Springen in die Grätschstellung im Liegestütz. Die Veränderung der Ausgangsstellung bewirkt eine ganz andere Übungswirkung.
- Die **Aufstellungsarten** variieren. Die Teilnehmer sollten so aufgestellt sein, daß sie sich gegenseitig nicht behindern.
  Um Langeweile zu vermeiden, bieten sich – je nach Anzahl der Teilnehmer – nebenstehende Aufstellungsarten an.

Gymnastische Grundstellungen und Variationen der Bewegungsführung.

Trainingspraxis

Verwendung von Musik, Partnerübungen und Geräten
Skigymnastik ohne **Musik** kann man sich kaum mehr vorstellen. Kein Wunder, daß sich die musikalisch-rhythmische Begleitung so sehr anbietet: Genauso wie sich das Skifahren und Skilaufen selbst vorrangig durch zyklische, d.h. rhythmische Bewegungsstrukturen auszeichnet, ist die rhythmische Aneinanderreihung von Bewegungsabläufen charakteristisch für die Gymnastik. Das ist wohl auch der Grund dafür, daß Skigymnastik so viel Spaß macht. Allerdings sollte man darauf achten, daß nicht die Auswahl der Musik den Aufbau der Übungsstunde bestimmt, sondern die methodischen Aspekte.

Die Anwendung von skigymnastischen **Partnerübungen** wird häufig vernachlässigt. Vielleicht kann die Auswahl in diesem Buch (siehe S. 102) dazu beitragen, die Übungspalette zu erweitern. Partnerübungen sind jedoch nicht jedermanns Sache. Vor allem in gemischten Gruppen gibt es immer wieder Personen, die bei Partnerübungen lieber »aussteigen« als mitmachen. Der Einsatz von **Geräten** in der Ski-Konditionsgymnastik wird ebensohäufig ignoriert. Medizinbälle, Langbänke, Reifen, Mattenbahnen, Skistöcke sind z.B. ganz wertvolle Hilfsmittel. Voraussetzung für deren Einsatz sollten jedoch klare organisatorische Vorbereitungen bedingen.

Gruppenübungen sind leistungsfördernder als monotones Einzeltraining.

Ausrüstung/Trainingshygiene

Jeder, der sich entschlossen hat, regelmäßig Sport zu treiben, kommt ohne entsprechende Trainingskleidung nicht aus.
Zur Grundausrüstung gehören:

- Unterwäsche
- Socken
- Kurze Turnhose unter der Trainingshose
- T-shirt – Baumwollpulli – Tennishemd unter Trainingsjacke
- Trainingsanzug
- Trainingsschuhe
- Zusatzausrüstung für draußen: Regen-Überbekleidung.

Unterwäsche
Die Unterwäsche soll hautfreundlich, d. h. schweißsaugend sein. Nur Unterwäsche aus Wolle, Baumwolle oder einem Gemisch von beiden ermöglicht, daß die Haut atmen kann und die Unterwäsche nicht am Körper klebt. Außerdem soll sie gut sitzen.

Socken
Socken müssen aus schweißsaugendem Material sein und gut passen. Kniestrümpfe sind nicht zu empfehlen.

Vielseitige Trainingsbekleidung: Die abgebildete Ausrüstung kann ganz allgemein zum Sporttreiben – im Freien oder in der Turnhalle – verwendet werden.

Ausrüstung/Trainingshygiene

Trainingsanzug
Beim Kauf sollten Sie nicht nur modische Ansprüche stellen, sondern vor allem die praktischen Anforderungen berücksichtigen. Ein Trainingsanzug soll

- sportlich-chic aussehen
- bequem sein
- haltbar sein
- formbeständig sein
- leicht zu pflegen sein
- billig sein.

Nicht alle Modelle werden diesen Anforderungen gerecht. Außerdem gibt es Trainingsanzüge aus verschiedenem Material:

Baumwollanzüge
Vorteile: Preisgünstig, angenehm zu tragen, schweißsaugend.
Nachteile: Paßform und Ausstattung einfach, nach dem Waschen wird die Paßform meistens schlechter.

Syntheticanzüge
Vorteile: Gute Paßform und Ausstattung, formbeständiger und strapazierfähiger.
Nachteile: Nicht schweißsaugend, fördern den Körpergeruch, nach dem Training Erkältungsgefahr. Bei empfindlicher Haut können Hautreizungen mit nachfolgender Infektion entstehen. Bei der empfohlenen Waschtemperatur von etwa 30 °C können Pilze und Bakterien nicht vollständig vernichtet werden. Deshalb vor allem für stark schwitzende Personen ungeeignet.

Baumwoll-Syntheticanzüge
Diese vereinigen die Vorteile beider Arten: Außen Synthetic, d.h. gute Paßform und Strapazierfähigkeit – Innen Baumwolle, d.h. schweißsaugend. Sie sind teurer und werden am häufigsten empfohlen.

Wollanzüge
Vorteile: Sehr gute Paßform, besonders angenehm zu tragen, warm, sehr schweißsaugend, gute Wärmeregulierung.
Nachteile: Sehr teuer, nicht so strapazierfähig.
Egal, für welchen Trainingsanzug Sie sich beim Kauf entscheiden, folgende Kriterien sollten auf alle Fälle erfüllt werden:
Der Anzug sollte an der Jacke einen teilbaren Reißverschluß, an den Hosenbeinen Reißverschlüsse sowie an der Hose zwei Taschen, möglichst mit Reißverschlüssen, haben. Der Stoff sollte haltbar, waschecht und elastisch sein, wobei der Festigkeit der Nähte besondere Beachtung zu schenken ist. Und überprüfen Sie die Paßform durch vorheriges Anprobieren, denn nicht alle Anzüge fallen in der Größe gleich aus.

Trainingsschuhe
Es gibt Trainingsschuhe aus Leinenstoff, Nylonmaterial und Leder – in den unterschiedlichsten Preisklassen –, die alle mehr oder weniger strapazierfähig sind.

Ausrüstung/Trainingshygiene

Als Kriterien für die Verwendung sind zu werten:

- Bequeme Paßform mit stabilem Fersenteil und ausreichendem Platz für die Zehen.
- Geringes Gewicht.
- Rutschfeste, gut stoßdämpfende, haltbare Sohlen, hochgezogene Kappen.
- Fußbett aus Schaumstoffpolster.
- Strapazierfähiges Obermaterial mit reißfesten Nähten.
- Gute Schweißdurchlässigkeit.
- Gelenkstütze.
- Gepolsterter Schuhrand und lange, weiche Zunge.

Bei häufiger Benützung der Sportkleidung lohnt es sich, sowohl zwei Trainingsanzüge wie zwei Paar Trainingsschuhe zu besitzen. Wer in der Halle und im Freien trainiert, sollte auf jeden Fall zwei Paar Trainingsschuhe benützen. Für draußen empfiehlt sich eine griffige Profilsohle, für drinnen eine dicke, etwas höhere, abriebfeste Polyurethansohle, die Stauchungen und Prellungen entgegenwirkt. Für verletzungsanfällige und fußgelenksschwache Personen hat sich der Stiefel mit starker Knöchelpolsterung bewährt.

Was man vor dem Kaufen wissen sollte

Trotz oder gerade wegen der Vielfalt der auf dem Markt befindlichen Trainingskleidung läßt die Beratung des Anfängers im Sportgeschäft häufig zu wünschen übrig. Aus Kostengründen kommen immer noch viel zu viele Sporttreibende mit Trainingsanzügen aus vollsynthetischer Ware in die Turnhallen. Wer der natürlichen Hautoberflächenventilation beim Schwitzen Rechnung tragen will, sollte unbedingt darauf achten, nur Trainingsbekleidung mit überwiegendem Baumwollanteil zu tragen.

Die bei der Muskelarbeit entstehende Wärmebelastung (Zunahme der Körperinnentemperatur) versucht der Körper dadurch zu kompensieren, daß eine immer größere Blutmenge in immer kürzerer Zeit die Haut passiert, um den Wärmeabtransport zu regulieren. Diese Blutmenge fehlt dann aber bei der Muskeldurchblutung und bewirkt so eine schnellere Ermüdung. Ungeeignete (synthetische) Sportkleidung verursacht einen zusätzlichen Wärmestau. Die Folge: immer mehr Blut fließt in die Haut, immer weniger Blut gelangt in die Muskulatur. Trainingsbekleidung sollte deshalb **wärmemindernd** und nicht **wärmestauend** sein.

Trainingshygiene

Intensive Konditionsgymnastik verursacht gerade bei Ungeübten den unumgänglichen Muskelkater. Als **Muskelkater** bezeichnet man Muskelschmerzen, die nach Überanstrengung (Ermüdung oder ungenügendes Training) ca. 24 Stunden später spürbar werden. Dabei kommt es zu einer »Übersäue-

Ausrüstung/Trainingshygiene

Sprungübungen in der tiefen Hocke erfordern gründliches Aufwärmen, um Muskelkater zu vermeiden.

rung« des Muskels, die durch dosiertes Weitertrainieren und »Entmüdungsmassage« innerhalb von drei Tagen abgebaut werden kann. Besonders häufig tritt Muskelkater bei jenen Muskeln auf, die Bremsarbeit verrichten, d. h. während der Kontraktion passiv gedehnt werden.

Zur Vermeidung und Verminderung des Muskelkaters können folgende Maßnahmen beitragen:

- richtige Trainingskleidung,
- ausreichendes Aufwärmen der Muskulatur,
- den Durchblutungsreiz förderndes heißes Baden nach der Belastung,
- Sportmassage,
- vorsichtige Dosierung der körperlichen Belastung.

Allen Untrainierten und Anfängern sei empfohlen, erst dann mit einer höheren Trainingsbelastung zu üben, wenn sie an ihrem eigenen Körper erfahren haben, was sie vertragen können.

Richtig trainieren heißt auch den eigenen Körper kennenlernen.

Besondere Vorsicht und Geduld ist bei der Wiederaufnahme von sportlicher Betätigung nach Krankheiten geboten. Bei Bänderzerrungen, Muskelverletzungen oder gar Verletzungen des Kniegelenks kann frühestens – je nach Verletzungscharakter – nach 14–35 Tagen wieder mit dem Training begonnen werden. Eine exakte Beurteilung kann jedoch nur der Sportarzt vornehmen. Nicht zu früh mit dem Training beginnen.

Allgemeines Konditionstraining

Das allgemeine Konditionstraining soll die Grundlage für eine gute körperliche Verfassung schaffen. Eine gesamtathletische Ausbildung, also Training von Körper und Kreislauf, wird dabei angestrebt. Neben den körperbildenden, gymnastischen Trainingsformen ist das **Ausdauertraining,** besonders für Skilangläufer, sehr wichtig.

Ausdauertraining für Skiläufer
Laufen, Jogging oder Dauerlaufen wird von Experten und Sportmedizinern als die natürlichste Form des Kreislauftrainings bezeichnet. Ein regelmäßig durchgeführtes Lauftraining beeinflußt alle Organsysteme sehr positiv und führt zu einer erhöhten Leistungsfähigkeit der Herz-Kreislauf-Funktion. Jedem Konditionstraining im Gelände sollte Laufen auch zum Zwecke des **Aufwärmens** vorangehen Eigentlich ist es egal, wo Sie laufen – im Park, im Wald, auf der Aschenbahn oder auf einer ruhigen Straße gleich um die Ecke. Natürlich ist das sture »Rundendrehen« auf der Aschenbahn langweilig gegenüber einem Geländelauf querfeldein. Vor jedem speziellen Lauftraining sollten Sie sich etwas

Trainingsform »Fahrtspiel«.

Teil 1:	Aufwärmen	1. Leichtes Traben	Dauer 15 Min.
		2. Gymnastik in Verbindung mit Laufen (um Bäume laufen, laufen mit Armkreisen usw.)	Dauer 5–10 Min.
		3. Steigerungsläufe über 100 m – 10mal	Dauer 10 Min.
Teil 2:	Laufrhythmus	5–10 Läufe in leicht fallendem Gelände mit lebhaftem Rhythmus. Dazwischen Lockerungsübungen	Dauer 15 Min.
Teil 3:	Tempoläufe	Über 300–800 m mit ebenso langen Gehpausen (5mal)	Dauer 15 Min.
Teil 4:	Auslaufen	Leichtes Traben bis zur Beruhigung der Atmung	

Allgemeines Konditionstraining

»Slalomlaufen«

Training des Gleichgewichts

Training der Beinkraft

einlaufen, um die Muskulatur aufzuwärmen und zu lockern. Da wir durch Laufen vornehmlich unseren Kreislauf trainieren wollen, erfolgt das Training nach der **Intervall-** oder **Dauerleistungsmethode** (siehe S. 26). Beide können auch gemischt, als »Intervall-Dauerlauf«, angewendet werden. Diese Art des Trainings kann jedoch sehr schnell eintönig werden, wenn es nur auf der Bahn erfolgt. Das Laufen auf einem federnden Waldboden ist natürlich auch für die Muskulatur der Beine besser als die harte Bahn.

Als besonders ideale Trainingsform wird häufig das sogenannte **»Fahrtspiel«** praktiziert, eine aus der Leichtathletik bekannte Methode, die aus Schweden kommt, in jedem Gelände durchgeführt werden kann und sehr abwechslungsreich ist. Fahrtspiel bedeutet spielerisches Laufen ohne festgelegtes Trainingspensum – jeder nach seinem Geschmack (siehe S. 43).

Der Skiläufer kann das »Fahrtspiel« zusätzlich kombinieren mit verschiedenen Übungen zur Verbesserung der **Beweglichkeit, Beinkraft** und des **Gleichgewichtsvermögens.** Somit ist das Training draußen – im Wald oder Gelände – eine ganz gezielte Vorbereitung auf die speziellen Anforderungen (z. B. wechselnde Hangneigungen) und verschiedenen Situationen (z. B. Anpassung an Gelände und Umweltreize) beim Skilaufen.

Beispiel für ein Trainingsprogramm

1. Aufwärmen
Dauer: etwa 10 Minuten
Ausführung: Gehen – Traben – Hüpfen im Wechsel mit verschiedenen Gymnastikübungen zum Lokkern und Dehnen (Armkreisen, Beinkreisen, Rumpfbeugen vorwärts, rückwärts, seitwärts). Einige Steigerungsläufe über 100 m. Mehrere Läufe bergauf und bergab mit lebhaftem Schrittrhythmus. Dazwischen Auslockern.

2. Trainingsprogramm
Fitness-Station 1: Training der Beweglichkeit
Aufgabe: »Slalomlaufen« um Bäume.
Dauer: Mehrere kurze Strecken (jeweils ca. 50 m), auch bergab, laufen. Die Bäume nicht berühren.

Fitness-Station 2: Training des Gleichgewichts
Aufgabe: Balancieren auf Baumstämmen, auch mit Drehungen um die Körperachse.
Dauer: Mehrere Versuche auf Baumstämmen verschiedener Dicke.

Fitness-Station 3: Training der Beinkraft
- Aufgabe: Wechselspringen auf Baumstamm.
  Dauer: 1 Min. Springen im Wechsel mit 1 Min. Ruhe. Insgesamt dreimal.
- Aufgabe: Federn in der Eiformstellung auf Baumstamm.
  Dauer: 1 bis 2 Min.
- Kniebeugen mit Gewichtsbelastung. Zehnmal.

Fitness-Station 4: Ausdauertraining
Aufgabe: Dauerlauf in ruhigem Rhythmus. Zur Abwechslung Intervalltraining nach folgendem Ablauf:

1. Woche	30 sec Laufen 60 sec Gehen Gesamtzeit 5 Min.
2. Woche	30 sec Laufen 30 sec Gehen Gesamtzeit 10 Min.
3. Woche	60 sec Laufen 60 sec Gehen Gesamtzeit 10 Min.

4. Woche 60 sec Laufen
30 sec Gehen
Gesamtzeit 15 Min.

Tips: Laufen Sie möglichst kraftsparend und locker. Passen Sie den Schrittrhythmus dem Atemrhythmus an und atmen Sie durch Mund und Nase gleichzeitig. Steigern Sie Ihr Ausdauertraining nur, wenn Sie regelmäßig Ihre **Pulsfrequenz** kontrollieren können. Für Anfänger ist eine Belastung von mindestens 135 Schlägen/Min. Pulsfrequenz während des Trainings notwendig. Später Verlängerung der Dauerbelastung bei gleichbleibender Pulsfrequenz. Nach entsprechendem Training kann die Gesamtbelastung bis zu 160 Schlägen/Min. Pulsfrequenz gesteigert werden.

Kennzeichen der Ermüdung
Durch das Messen der Pulsfrequenz können Sie nicht nur die Trainingsbelastung kontrollieren, sondern auch die Ermüdung. Daneben sollten Sie aber auch folgende **subjektiven Merkmale der Ermüdung** beachten:

- Zunahme der Atemfrequenz in Ruhe
- Verschlechterung der Bewegungskoordination
- Mehr oder weniger ausgeprägte Muskelschmerzen.

Das sicherste Zeichen der Ermüdung ist das subjektive Gefühl, daß das Training schwerfällt und keinen Spaß mehr macht. Spätestens dann sollten auch Sie aufhören.

Allgemeines Ausdauertraining
Das allgemeine Ausdauertraining für Freizeit- und Gesundheitssportler, vor allem für Anfänger, kann mit verschiedenen Trainingsübungen durchgeführt werden. Das nachfolgende Trainingsprogramm hat sich dabei bewährt.

Allgemeines Ausdauertraining für Freizeit- und Gesundheitssportler

Zielgruppe: Freizeit- und Gesundheitssportler zu Beginn ihres sportlichen Trainings.
Trainingsziel: Entwicklung der allgemeinen dynamischen Ausdauer (Grundlagenausdauer).
Trainingsübungen:

- Brustschwimmen **(BS)**
- Radfahren **(RF)**
- Laufen **(L)**

Belastungsmethode: Dauermethode.
Reizintensität und Distanz:
BS – 30 Min. in gleichmäßiger Geschwindigkeit, die einer Pulsfrequenz von 160 minus Lebensalter entspricht.
RF – 30 Min. in gleichmäßiger Geschwindigkeit, die einer Pulsfrequenz von 180 minus Lebensalter entspricht.

L – 30 Min. Dauerlauf in gleichmäßiger Geschwindigkeit, die einer Pulsfrequenz von 160 minus Lebensalter entspricht.

Programm der 1. Trainingswoche

Trainingseinheit 1 = **1 BS**
Trainingseinheit 2 = **1 RF**
Trainingseinheit 3 = **1 L**

Steigerungsvorschlag: Trainingswochen 2 und 3 wie Trainingswoche 1; Trainingswoche 4: um eine Trainingseinheit (nach Wahl) steigern; ab 3. Trainingsmonat Schwimm- bzw. Laufgeschwindigkeit auf Sollwert: Pulsfrequenz 180 minus Lebensalter erhöhen.

Durchführungshinweise: Aufwärmen (Einlaufen, Einschwimmen, Lockerungsgymnastik etc.) für 3 bis 5 Min; in der 1. Trainingswoche während der Trainingsübungen in kürzeren Abständen (z.B. nach 5, 10, 15 etc. Min.) Pulsmessungen durchführen, um die dem jeweiligen Sollpuls entsprechende individuelle Ausführungsgeschwindigkeit (Schwimmgeschwindigkeit, Fahrgeschwindigkeit etc.) zu automatisieren. Mit fortschreitendem Training empfiehlt es sich, die absolvierten Strecken zu registrieren und zu protokollieren. Auslaufen, Ausschwimmen etc. als den Wiederherstellungsprozeß unterstützende Maßnahmen durchführen.

12 Übungen für das allgemeine Konditionstraining

für sportliche Beginner und bereits Geübte (modifiziert nach Grosser)

Nr.	Übung	Anatomischer Bereich		Trainingswoche				
		Haupt-wirkung	Neben-wirkung	1./2.	3./4.	5./6.	7./8.	9./10.
1	Hampelmann	Arme/ Schulter, Hüfte/Beine	Rumpf	5 **8**	8 **12**	12 **15**	15 **18**	18 **22**
2	Armkreisen vor- und rück-wärts	Arme/ Schulter	Hüfte/ Rumpf	8 **12**	10 **16**	12 **20**	14 **24**	16 **28**
3	Kniebeugen	Hüfte/ Beine	Schulter, Rumpf	3 **6**	5 **8**	7 **10**	10 **12**	14 **16**
4	Holzhacken	Bauch	Schulter, Rumpf, Hüfte	3 **6**	5 **8**	7 **10**	9 **12**	12 **16**
5	Rumpfkreisen	Rumpf/ Hüfte	Beine	4 **6**	6 **8**	8 **10**	10 **12**	12 **16**
6	Liegestütz vorlings	Arme/ Schulter	Rumpf/ Hüfte	3 **5**	5 **7**	7 **10**	9 **13**	12 **16**
7	Bauch-schaukel	Rücken/ Hüfte	Schulter, Beine	4 **6**	6 **9**	8 **12**	10 **15**	12 **18**
8	Hock-Streck-sprünge	Hüfte/ Beine	Rumpf	3 **5**	4 **6**	5 **7**	6 **9**	7 **12**
9	Taschen-messer	Bauch/ Hüfte/ Beine	Arme/ Schulter, Rumpf	3 **5**	4 **6**	5 **7**	6 **9**	7 **11**
10	Beinwirbel (Skippings)	Beine	Rumpf/ Hüfte	10 **12**	12 **15**	14 **18**	16 **22**	18 **25**
11	Liegestütz vor-lings: Becken-kreisen	Rücken	Arme/ Schulter, Hüfte/Beine	4 **6**	6 **8**	8 **10**	10 **12**	12 **15**
12	Beidbeiniges Hüpfen am Ort	Beine	Rumpf/ Hüfte	5 **7**	7 **10**	10 **14**	14 **17**	17 **20**
Gesamtbewegungseinheiten				55 **100**	94 **133**	123 **167**	153 **203**	185 **249**

Wiederholungszahl (Normaldruck) für:
- sportliche Beginner aller Art und jeden Alters
- Skianfänger (Langlauf und Alpin)
- Jugendliche bis 14/15 Jahre.

Wiederholungszahl **(halbfetter Druck)** für:
- konditionell bereits Geübte
- geübte Skiläufer (Langlauf und Alpin).

1

2

3

4

5

6

7

8

9

10

11

12

Allgemeines Konditionstraining

Allgemeines Konditionstraining für Skiläufer (siehe S. 48/49)
Je nach Kondition und Könnensstufe kann man mittels allgemeiner Konditionsgymnastik ganz gezielte Trainingsprogramme zusammenstellen, die der universellen Kräftigung und Beweglichmachung einzelner Körperbereiche dienen.
Dazu gibt es eine Fülle von Übungsformen mit und ohne Gerät. Das Programm auf S. 48/49 ist für **Anfänger** und **Geübte** gleichermaßen geeignet.

Wichtig für die Konditionsverbesserung ist:
Die einzelnen Übungen sind ohne Pausen mit der entsprechenden Wiederholungszahl durchzuführen. Vor dem Training etwas aufwärmen.
Die Wiederholungszahlen berücksichtigen den Konditionszustand zweier verschiedener Zielgruppen.
Das Programm wurde nach dem **progressiven Trainingsprinzip** zusammengestellt und umfaßt 10 Trainingswochen. Wenn Sie damit Mitte Oktober beginnen, sind Sie für den Weihnachts-Skiurlaub topfit.

Steigerungsvorschlag:
Zunächst die Anzahl der Wiederholungen erhöhen. Dann die Ausführungsgeschwindigkeit steigern. Zum Schluß Zusatzbelastungen, z.B. Üben mit Gewichtsweste, vornehmen.

Dehnübungen
Neben der Muskelkräftigung, der Koordinations-Verbesserung, der Beweglichmachung und Muskellockerung ist die **Muskeldehnung** ein wichtiger Teil des gymnastischen Konditionstrainings. Leider wird den **Dehnübungen** zugunsten der Muskellockerung im Trainingsprozeß sehr häufig aus dem Weg gegangen.
Vielleicht liegt der Grund darin, daß Dehnübungen meistens etwas »weh« tun. Doch nur ein dehnfähiger Muskel ist optimal leistungsfähig, macht die Muskulatur widerstandsfähiger, ermöglicht die höchste Gelenksbeweglichkeit und vermeidet Verletzungen. Dehnübungen sind für die Konditionsgymnastik des Skiläufers ein unentbehrlicher Bestandteil.

Zur Trainingspraxis
Dehnübungen sind nach langem Sitzen, Stehen oder wenn man sich steif fühlt, besonders wohltuend. Jeder Skiläufer kennt das: In bewegungshemmenden Skischuhen »gefesselt«, dabei häufig lange Wartezeiten am Lift erduldend, fühlt man sich von Tag zu Tag zunehmend steifer.
Dehnübungen, regelmäßig morgens vor dem Skifahren oder abends nach der Anstrengung durchgeführt, erhalten die Kondition und vermitteln das Gefühl des Fitseins. Dehnübungen müssen **gefühlvoll** und **gemächlich** ausge-

Rumpf – Oberkörper

Zeitdauer der Anspannung:

1 10–15 sec
2 10–15 sec
3 10–15 sec
4 20–30 sec
5 10–15 sec

führt werden, vor allem am Anfang. Extreme Dehnungen anfangs auf jeden Fall vermeiden, zunächst nicht bis an die Schmerzgrenze gehen. Man beginnt je nach Übung mit 10–30 sec Anspannung, nach einiger Praxis sind 30 sec und mehr verträglich. Während des Trainings ruhig und rhythmisch atmen. Keine **stoßartigen Bewegungen** machen, die richtige Dehnung muß man »erfühlen«. Nach jeder Dehnübung sind **Lockerungsübungen** zur Entspannung wichtig.

Die nachfolgenden Übungsbeispiele erfassen den ganzen Körper. Auf jeweils einer Seite sind komplette Programme zusammengestellt. Weitere, gezieltere Dehnübungen im Hinblick auf unfallfreies Stürzen (siehe S. 98/99) sowie speziell zur Muskeldehnung für Skilangläufer und Skiabfahrer finden Sie auf S. 100/101. Die jeweils rot markierten Körperbereiche werden besonders gedehnt.

Allgemeines Konditionstraining

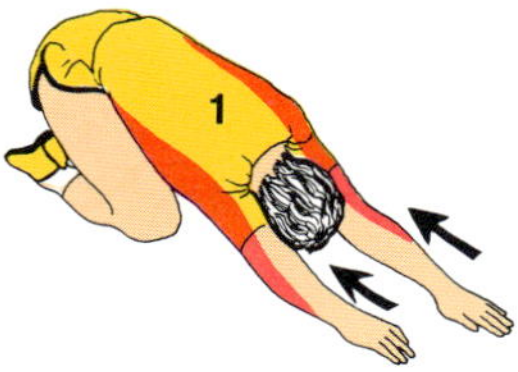

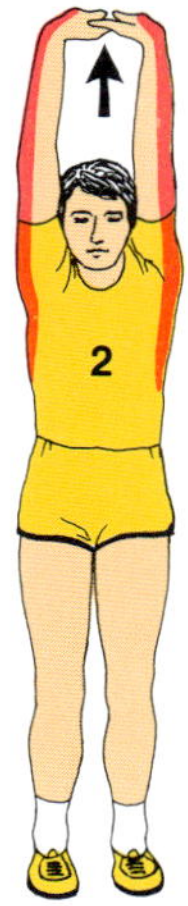

Schultern
Rücken
Arme

Zeitdauer der Anspannung:

1	10–15 sec	**4b**	10 sec
2	15 sec	**4c**	20 sec
3	15 sec	**5**	20 sec
4a	10 sec		

Dehnübungen

Füße und Beine im Sitzen

Zeitdauer der Anspannung:

1	10–20mal	**6**	jeweils 5–10 sec, mehrmals
2	10 sec	**7**	20–30 sec
3	10 sec	**8**	20 sec
4	10–15 sec	**9**	10 sec
5	20–30 sec	**10**	20–30 sec

Füße – Beine – Hüfte in verschiedenen Ausgangsstellungen

Zeitdauer der Anspannung:

1a **1b**	jeweils 20–30 sec	**6**	20–30 sec	**10**	10 sec
2	30 sec	**7**	20 sec	**11**	10 sec
3	20–30 sec	**8**	15–20 sec	**12**	20 sec
4	20 sec	**9a**	20 sec		
5	15–20 sec	**9b**	10 sec		

Spezielles Konditionstraining

Imitationsgymnastik

Als Imitationsgymnastik bezeichnet man die Art der Skigymnastik, bei der bekannte Bewegungsformen, Stellungen und Haltungen aus dem Skilauf einzeln, in der Gruppe oder mit Partnern in einer Art »Trockenskikurs« trainiert werden.

Hier gibt es fast für alle Technikformen und Könnensstufen eine Vielzahl von ausgewählten Übungen. Der Katalog reicht vom einfachen skigemäßen »Gehen und Laufen« über kombinierte Trainingsformen aus dem Bereich der Grundschule, des Parallel- und Umsteigeschwingens bis zur speziellen Imitation von Slalom, Riesenslalom und Abfahrt (siehe S. 56–74).
Je nach Kondition und Könnensstufen der Schüler lassen sich in der modernen Skigymnastik ganz gezielte und vor allem schülerorientierte **Trainingsprogramme** zusammenstellen (siehe S. 76–81).
Bei Skigymnastik-**Anfängern** lohnt es sich, in einer methodischen Reihung der Übungen wie im Skikurs vorzugehen.
Bei **Fortgeschrittenen** liegt die Notwendigkeit einer lehrplangemäßen Aneinanderreihung der ausgewählten Übungsformen nicht vor. Hier empfiehlt es sich aber dennoch, bewegungsverwandte Übungen oder Übungskombinationen zusammenzufassen.

Die Auswahl der Übungen für **Könner** und **sportliche Skiläufer** richtet sich meistens nach der Übungsabsicht bzw. ergibt sich aus der durch den individuellen Trainingszustand vorgegebenen Unterrichtssituation.
Ganz typische Bewegungsstrukturen, die sich wie ein roter Faden durch die gesamte Skitechnik ziehen, sollten bereits in der Imitationsgymnastik erklärt und häufig wiederholt werden. Allerdings sollte man auch hier bedenken, daß für die richtige Ausführung ganz bestimmter Skigymnastik-Imitationen eine gewisse Bewegungsvorstellung und rhythmische Ausführung der Bewegung notwendig ist, die vor allem von der individuellen Bewegungserfahrung beim Skifahren geprägt wird. Hier können also Fehler ausgemerzt oder eingeschliffen werden!

Spezielles Konditionstraining

Erklärung:
Die jeweils schrägstehend gesetzten Texte beschreiben die abgebildeten Fotos (1 Übung = 2 Bewegungsphasen).

Imitation Gehen – Diagonalschritt

- Aus dem leicht gebeugten Stand (Beine nebeneinander) schwungvolles Armschwingen als Vorübung für Gehen und Laufen.
- Vorwärtsgehen mit bewußtem Schleifen der Beine am Boden und Vorlage des Oberkörpers.
- Training des Abstoßes: aus mittlerer Beugestellung heraus kräftige Streckbewegung eines Beines in Hüft-, Knie- und Fußgelenk (nacheinander) und gegengleichem Vorhochschwingen eines Armes. Mehrmals hintereinander nach einer Seite üben, dann im Wechsel links und rechts, im Stand und im Vorwärtsgehen.
- *»Diagonalschritt«: Sprungwechsel mit Ausfallschritt.*

Imitation Doppelstockschub – Schlittschuhschritt – Langlauf

- *»Doppelstockschub«: im Stand und in Verbindung mit Gehschritten üben.*
- Ausfallschritt und Hockstand im Wechsel.
- In der Kerze: Beinspreizen.
- Springen im Wechsel mit Beinspreizen in der Luft.
- Langlaufspringen im Liegestütz.
- »Schlittschuhschritt«: Wechselspringen nach links und rechts mit betontem Auspendeln des hinteren Beines.
  Steigerung: Den Oberkörper weit nach vorne beugen, die Hände dabei auf dem Rücken verschränken und jeden Sprung ganz weich abfedern.
- Schlittschuhschritt-Springen auch im Liegestütz.

Spezielles Konditionstraining

Imitation Aufsteigen – Wenden

- Grätenschritt: Vorwärtsgehen auf der Innenkante der Schuhe im Grätenschritt.
- Treppenschritt: Seitliches Gehen mit Nachstellschritt und kräftigem Kanten der Füße.
- Treppensteigen seitwärts.
- Lockeres, wechselseitiges Vor- und Rückspreizen eines Beines.
- *Schwunghaftes Achterschwingen, abwechselnd mit dem linken und rechten Bein.*
- Zur besonderen Gleichgewichtsschulung auch mal mit geschlossenen Augen trainieren!
- Beinspreizen in Achterform im Sitz und Liegestütz.

Imitation Stürzen – Aufstehen

- Aus dem Stand fallenlassen seitwärts, vorwärts und rückwärts. Immer mit den Armen den Sturz abfangen, elastisches Abrollen, Beine abheben vom Boden und sofort auf gleichem Wege aufstehen.
- Fallen und Aufstehen auch aus dem Gehen und Laufen trainieren.
- *Aus dem Schneidersitz aufstehen und wieder absitzen, mit und ohne Armhilfe.*

Spezielles Konditionstraining

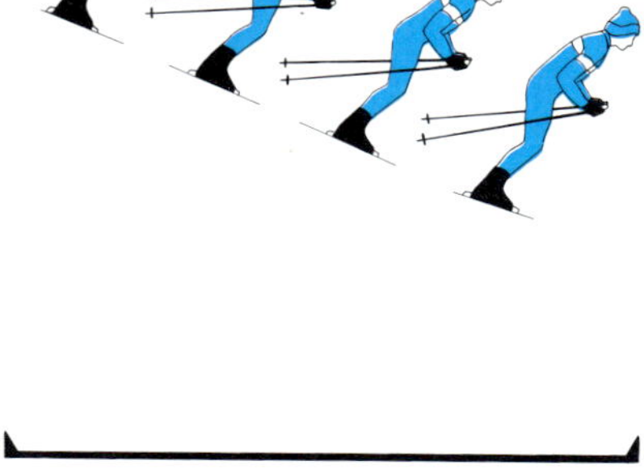

Imitation Schußfahren

- In der Schußfahrtstellung (Stand auf der ganzen Sohle) weiches Federn und Wippen, gleichmäßige Beugung der Gelenke.
- Dasselbe auf einem Bein, abwechselnd links und rechts.
- *Wechsel zwischen aufrechter Schußfahrtstellung und tiefer Hocke.*
- Wechsel zwischen Kniestand und Schußfahrtstellung.
- In der Eiformstellung federn.
- Wechsel von Kniestand und Eiform.
- Wechselndes Einnehmen von verschiedenen Fahrstellungen aus dem Laufen und Springen heraus.
- In der Eiformstellung vorwärts, rückwärts und seitwärts springen.

Imitation Pflug

- *Rhythmisches Pflugspringen: Wechsel der Winkelstellung, einmal kleiner, einmal größer, langsamer und schneller, mit und ohne Nachfedern.*
- Federn in der Pflugstellung, auch in Verbindung mit Armschwingen.
- »Schußfahrt-Pflug«: Aus der Schußfahrtstellung die Beine hüftbreit geöffnet, Tiefgehen und Beinedrehen. Dabei die Fersen nach außen drehen. Bewegung mehrmals rhythmisch aneinanderreihen, also fortlaufende Tief-Hoch-Tief-Bewegung.
- Pflugstellung: Springen mit Schließen der Beine in der Luft, weichem Landen in Pflugstellung.
- Im Liegestütz: Pflugspringen.
- »Pflug-Schußfahrt«: Aus der Pflugstellung Hochgehen, dabei die Beine schließen, beim Schließen die Fußsohlen am Boden schleifen lassen. Dann wieder zurückspringen.

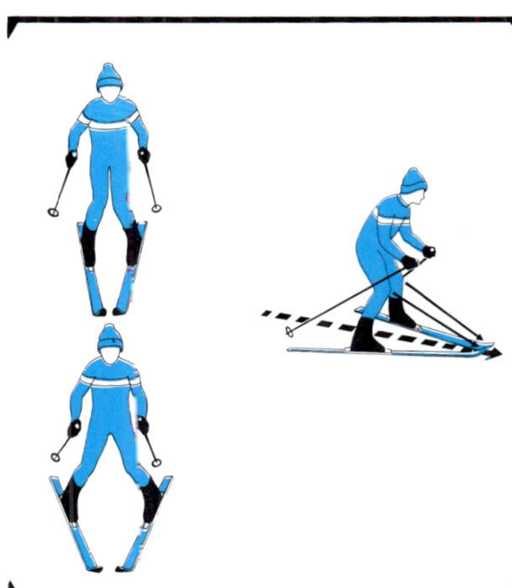

Spezielles Konditionstraining

Imitation Pflugbogen

- *In der Pflugstellung Fersen nach außen gedreht, Fußspitzen nach innen, Beine leicht gebeugt, die rhythmische Pendelbewegung des Oberkörpers üben. Die Hüfte bleibt dabei möglichst ruhig.*
- Wie vorher, jedoch mehr und mehr die Pendelbewegung des Oberkörpers mit der Tief-Hoch-Tief-Bewegung verbinden.
- Die stärkere Beugung des äußeren Beines besonders beachten!
- Wie vorher, die Hände in die Hüften gestützt bzw. in Seithalte.

Imitation Schrägfahrt

- *Wechsel von Schußfahrtstellung und Schrägfahrtstellung. Besonders auf die Kniebewegung vorwärts-einwärts (Kantengriff) Wert legen. Auch mit schnellem Kantenwechsel.*
- Wechsel der Schrägfahrtstellung, dabei das Vor-Seitbeugen des Oberkörpers trainieren.
- Zur Hüftbeweglichkeit: alle Formen des Rumpfbeugens und Rumpfdrehens in Verbindung mit der Schrägfahrtstellung üben.

Spezielles Konditionstraining

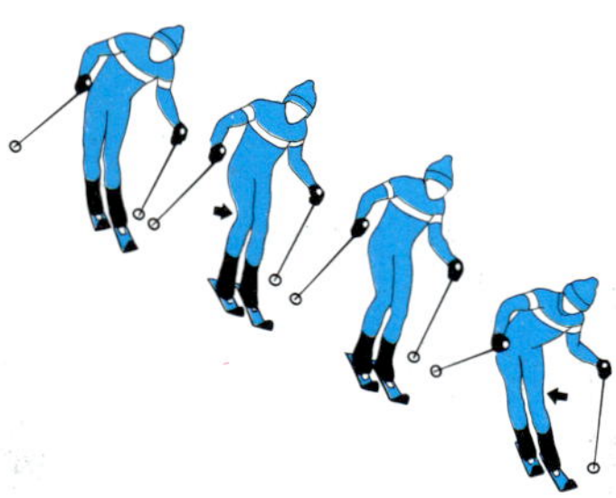

Imitation Seitrutschen – Beinedrehen

- Hoch- und Tieffedern im Stand.
- *»Beinedrehen«: Aus dem aufrechten Stand tiefgehen, beim Tiefgehen die Fersen nach außen drehen. Zuerst mehrmals nach einer Seite, dann nach links und rechts im Wechsel, mit rhythmischem Beugen und Strecken der Beine.*
- Steigerung: Beinedrehen nach links und rechts ohne Aufrichten, nur aus den Beinen heraus.
- »Schwungsteuerung«: Mehrmaliges Beinedrehen nach einer Richtung.
- Beinedrehen im Kreis, links herum und rechts herum.
- Im Hockstütz: Beinedrehen im Wechsel nach links und rechts.

Imitation Grundschwung

- *»Pflugschwung«: Aus der Pflugstellung Abdruck von einem Bein und Hochgehen, Beisetzen des Beines zur Schrägfahrtstellung und Tiefgehen. Mehrmals hintereinander nach einer Seite ausführen. Links-rechts im Wechsel in verschiedenem Rhythmus.*
- »Grundschwung«: Rhythmische Aneinanderreihung dieser Bewegung: Schrägfahrtstellung, Auswinkeln zur Pflugstellung, Abdruck von einem Bein und Hochgehen, Beisetzen, Tiefgehen und Beinedrehen, Schrägfahrtstellung.
- Dasselbe im Liegestütz.

Spezielles Konditionstraining

Imitation Parallel-Grundschwung

- Rhythmisches beidbeiniges Springen nach links und rechts mit betontem Beugen und Strecken.
- Rhythmisches einbeiniges Springen nach links und rechts mit kräftigem Abdruck.
- *Aus der Schrägfahrtstellung (Beine hüftbreit) betontes Hochgehen, dann Tiefgehen und Beinedrehen nach der anderen Seite, links und rechts im Wechsel.*

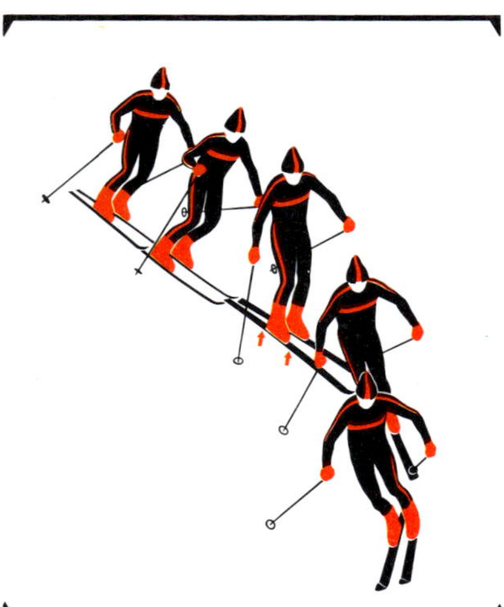

Imitation Hochschwung

- *»Hochschwung«: Beidbeinige Wechselsprünge nach links und rechts mit kräftigem Abstoß und weichem Landen. Mehrere Sprünge rhythmisch aneinanderreihen (»Wedelhüpfen«).*
- Zur speziellen Rhythmusschulung: »Viereckspringen«.
- Zur Verfeinerung der Tief-Hoch-Tief-Bewegung: Fortlaufend Beinedrehen nach links und rechts.
- »Skimambo«: Rhythmisches Springen am Ort, wobei die extreme Gegenbewegung des Oberkörpers zu den Beinen versucht wird. Also Beinedrehen nach links – Drehen des Oberkörpers nach links – und entsprechend zur anderen Seite. Auch beide Arme zur Seite mitschwingen.
- Dieselbe Bewegung dann ohne Springen ausführen, nur noch Beinedrehen. Mehrmals nach beiden Seiten rhythmisch aneinanderreihen.

Spezielles Konditionstraining

Imitation Kurzschwung

- »Wedelhüpfen«: Rhythmisches beidbeiniges Springen im Wechsel.
- *»Wedeln«: In der Schrägfahrtstellung die Knie kräftig nach vorwärts-seitwärts drücken (Aufkanten), dann zur anderen Seite drehen (Aufkanten). Zuerst den Kantenwechsel mit einer Tief-Hoch-Tief-Bewegung ausführen, dann in schnellerer Folge.*

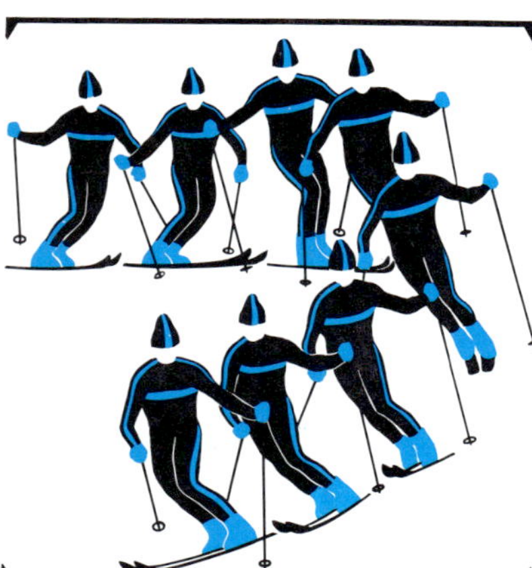

- Sprungvariationen: Springen auf der Ferse (Fersenspringen), Springen auf der ganzen Sohle, Springen auf dem Ballen.
- »Einbeinwedeln«: Rhythmisches Springen auf einem Bein nach links und rechts. Nach einigen Sprüngen Wechsel des Sprungbeines.
- »Flamingo-Schwung«: Rhythmisches Springen und Drehen auf einem Bein am Ort – links herum und rechts herum. Die Sprungbewegung so weit abbauen, bis man nur noch auf dem Standbein dreht. Mehrmals nach links und rechts im Wechsel.

Imitation Ausgleichsschwung

- Springen mit Anhocken und Strecken der Beine.
- »Ausgleichen«: Wechsel zwischen aufrechter Schußfahrtstellung und tiefer Hocke. Beugen und Strecken – Tief und Hoch.
- *»Ausgleichsschwung«: Springen mit Anhocken und Drehen der Beine in der Luft. Schnelles Anhocken, Streckdrehen nach links und rechts im Wechsel.*
- »Ausgleichen« im Liegestütz rücklings, Anhocken und Strekken der Beine.
- Aus der Rückenlage die Beine anhocken, dabei gleichzeitig die Beine schräg zur Seite anziehen. Der Oberkörper dreht zur Gegenrichtung.

Spezielles Konditionstraining

Imitation Umsteigeschwingen

- »Stemm-Umsteigen« (Bergstemme): Aus der Schrägfahrtstellung Auswinkeln zur Stemmstellung, Abdruck und Hochgehen, Beisetzen und Tiefgehen in die neue Schrägfahrtstellung.
- »Parallel-Umsteigen« (offen): Schrägfahrtstellung, paralleles Öffnen der Beine mit einem Schritt seitwärts, Abdruck und Hochgehen, Beisetzen und Tiefgehen in die neue Schrägfahrtstellung.
- *»Schnellend Umsteigen«: Kräftiges und schnelles Springen von einem Bein auf das andere zur Seite in rhythmischer Folge.*

»Scher-Umsteigen«

- *Das Abstoßen und Umsteigen läßt sich am besten durch Schlittschuhschrittspringen aus ziemlich gebeugter Körperstellung trainieren.*
- »Scher-Umsteigen«: Schrägfahrtstellung, schrittartiges Auswinkeln eines Beines zur Seite mit nach außen gerichteten Fußspitzen, Abstoß und Umsteigen auf das ausgewinkelte Bein, Beisetzen und Schließen zur neuen Schrägfahrtstellung, Tiefgehen.
- Als Vorübung kann man zuerst nur das wechselseitige schrittartige Auswinkeln trainieren. Erst weite, dann lange Schritte machen.
- *»Charleston«: Wechselspringen von einem Bein auf das andere.* (Fortsetzung S. 72.)

Spezielles Konditionstraining

Die Beine pendeln dabei unter dem Körper durch, das jeweils äußere Bein schwingt betont nach außen-oben. Rhythmisches Springen mit schnellendem Abstoß (Foto links).

- »Klammerstellung«: Grätschstellung, die Hände in die Hüften gestützt, wechselseitiges tiefes Beugen eines Beines mit betontem Belastungswechsel. Das andere Bein bleibt gestreckt. Mehrmals nach jeder Seite wiederholen.
- *»Klammerschwung«: Im Hockstütz, abwechselnd ein Bein zur Seite spreizen. Dazwischen immer wieder zurück zum Hockstütz beiziehen. Dieselbe Form kann auch mit einem Wechselsprung über den Hockstütz ausgeführt werden.*

Imitation Jetschwung

- *»Jetbewegung«: Liegestütz rücklings mit angehockten Beinen, Streckdrehen der Beine im Sprung wechselseitig nach links und rechts. Dazwischen immer wieder Anhocken.*
  Eine gute Trainingsform auch für die Kräftigung der Arm- und Schultermuskulatur (Stockeinsatz).
- Dasselbe ohne Sprung, die Beine im Sitz nach außen drehen und strecken, links und rechts im Wechsel.

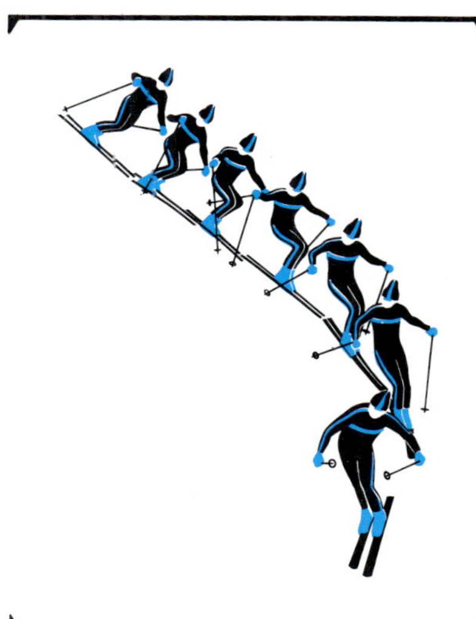

Spezielles Konditionstraining

Auch der Skirennläufer kann auf die Imitationsgymnastik nicht verzichten.

Imitationstraining Start

- Laufen mit Skistöcken und dabei kräftig mit Doppelstock anschieben.
- Schlittschuhschrittlaufen: ähnlich wie beim Schlittschuhschritt weite Sprünge vom linken zum rechten Bein mit tiefem Abfedern und starkem Abstoß.

Imitationstraining Abfahrt

- Weites Winkelspringen von Außenbein zu Außenbein mit tiefer Landung und Verharren in dieser tiefen Stellung zwischen den Sprüngen (wie 2. Übung Riesenslalom)
- Federn in Abfahrtshocke.
- »Schranz-Hocke« möglichst tief und leichtes Federn in dieser Haltung.
- Hocke – Aufrichten – Sprung (wie beim Vorspringen) – Landen in tiefer Hocke:
  a) Arme nach vorne gestreckt
  b) Arme seitlich am Knöchel geführt.
- Sprünge (aus dem Lauf z. B. in die Sandgrube oder auf Wiese, von einem Kasten oder irgendeiner Erhöhung), Landung in Hocke (möglichst tief abfedern). Übungen, die mit Ski, Skischuhen und Stöcken durchgeführt werden.

Imitationstraining Riesenslalom

- Weites Winkelspringen abwechselnd von Außenbein zu Außenbein.
- Gleiches Winkelspringen wie zuvor, aber Landen in tiefer Haltung und verharren in dieser Landestellung, dann erst wieder kräftig abdrücken.
- Hocke (Arme seitlich an den Knöcheln oder vorgestreckt) – Sprung nach links in Hocke – Sprung nach rechts in Hocke (Oberkörper parallel zum Boden einbeinig und beidbeinig).
- Weites Bogenlaufen in Fahrhaltung mit Abdruck und Wegspringen am Ende des Bogens vom Außenbein.

Imitationstraining Slalom

Schnelles und kurzes bis langsames und weites Winkelspringen in folgenden Ausführungen:

- Beidbeinig, einbeinig (einmal rechts, einmal links).
- Abwechselnd (von äußerem Bein zu äußerem Bein, dann von innerem Bein zu innerem Bein).
- »Umtappen« (also Abdruck vom äußeren Bein, verzögertes Nachsetzen des inneren Beines).
- Sitzwedeln auf Matte usw.
- Slalomlaufen (Ausstecken von Toren in der Wiese, auf Steinen in einem ausgetrockneten Bachbett, zwischen Bäumen usw.).

So schön kann Skifahren sein:
Abfahren mit perfekter Technik in einer phantastischen Winterlandschaft.

Trainingsprogramm

Grundschule 1

1 Schußfahrtstellung: Beugen und Strecken der Beine – tief und hoch.
2 Schußfahrtstellung: Abwechselnd einbeiniges Beugen und Strecken (Hinweis: Augen schließen).
3 Schußfahrtstellung: Wechsel zwischen Zehenstand und Fersenstand.
4 Zur Lockerung: Beugen und sprunghaftes Strecken in Verbindung mit Armschwingen vorwärts, rückwärts, seitwärts. Stand auf der ganzen Sohle.
5 Rumpfachterschwingen.
6 Wechsel zwischen Kniestand und Schußfahrtstellung.
7 Schneller Wechsel zwischen Bauchlage – Stand, Rückenlage – Stand, Seitlage – Stand (Stürzen).
8 Parallel: Schußfahrt – Springen beidbeinig in die Schrägfahrt – Schußfahrt usw.
9 Umsteigen: Schlittschuhschritt – Springen.
10 Test: Allgemeiner Konditionstest: Siehe S. 120.

Langlauf 1

1 Ausfallschritt: Lockeres gegengleiches Armschwingen mit rhythmischem Beugen und Strecken der Beine (Langlaufschwingen).
2 Ausfallschritt – Hockstand im Wechsel.
3 Doppelstockschub: Aus dem Stand die Arme kräftig vor- und zurückschwingen. Beim Aufrichten einatmen, beim Herabbeugen ausatmen.
4 Tiefer Ausfallschritt: Armpendeln mit Strecken, erst links, dann rechts.
5 In der Bauchlage – Arme und Beine spreizen (vor – hoch und quer).
6 In der Kerze: Beinspreizen wie beim Langlauf.
7 Aus dem Schneidersitz aufstehen und wieder absitzen, mit und ohne Armhilfe (Stürzen).
8 Parallel: Beidbeinige Wechselsprünge nach links und rechts, mit und ohne Nachfedern (Wedelspringen).
9 Umsteigen: Aus der Pflugstellung Abdruck und Hochgehen, Beisetzen und Tiefgehen. Erst mehrmals nach einer Seite, dann links und rechts im Wechsel (Pflugschwung).
10 Test: Steptest: Siehe S. 123.

Grundschule 2

1 Stürzen und Aufstehen: Aus dem Kniestand seitlich absitzen, links und rechts im Wechsel.
2 »Schneefloh«: Vor- und Zurückrollen in der Rückenlage, aus der Rückenlage aufstehen, beidbeinig und einbeinig.
3 Aufsteigen: Vor- und Zurückgehen im Grätenschritt, Kantengehen im Treppenschritt.
4 Beinspreizen in Achterform, links und rechts im Wechsel (Wenden).
5 Im Liegestütz – Anhocken mit V-Öffnung der Beine.
6 Beinspreizen in Achterform im Sitz bzw. Liegestütz rücklings.
7 Langlaufspringen im Liegestütz, mit und ohne Nachfedern.
8 Parallel: Aus dem aufrechten Stand tiefgehen, Beinedrehen, zuerst einseitig mehrmals, dann links und rechts im Wechsel, nur aus den Beinen heraus.
9 Umsteigen: Kräftiges und schnelles Springen von einem Bein auf das andere (schnellender Abstoß).
10 Test: Allgemeiner Konditionstest: Siehe S. 120.

Langlauf 2

1 Diagonalschritt: Wechselspringen im Ausfallschritt mit betontem Sprungwechsel (Langlaufspringen)
a) normal
b) mit Drehen
c) Paßgang.
2 Doppelstockschub mit wechselseitigem Beinabstoß und normal.
3 »Rollerfahren«: Wechselseitiges Abstoßen, bis zum Diagonalschritt steigern.
4 Springen in der Schußfahrtstellung, in der Luft Beinspreizen im Wechsel.
5 Seitliegestütz – Beckenkreisen, Anhocken und Strecken.
6 Rückenlage: Radfahren, dabei die Beine abwechselnd weit nach rechts und links führen, Arme in Seithalte
7 Kreuzspringen.
8 Parallel: Beinedrehen im Hockstütz.
9 Umsteigen: Schrägfahrtstellung, paralleles Öffnen der Beine mit einem Seitschritt, Beisetzen und Tiefgehen zur Schrägfahrtstellung.
10 Test: Steptest: Siehe S. 125 (Cooper-Test).

Trainingsprogramm

Grundschule 3

1 Pflugspringen: Rhythmisches Springen im Wechsel von Schußfahrtstellung und Pflugstellung, mit und ohne Nachfedern.
2 Schußfahrt-Pflug: Beine hüftbreit, Tiefgehen und Beinedrehen zur Pflugstellung.
3 Pflug-Schußfahrt: Aus der Pflugstellung hochgehen, die Beine schließen, dabei die Fußsohlen am Boden schleifen lassen, Zurückspringen in die Pflugstellung usw.
4 Pflugstellung: Springen mit Schließen der Beine in der Luft.
5 Hüftkreisen – Kniekreisen.
6 Im Liegestütz: Pflugspringen.
7 Schneidersitz: Zehengriff außerhalb der Knie, Rückrollen – Vorrollen. Rücksenken des Rumpfes in die Rükkenlage – Heben – Zugbeuge.
8 Pflugbogen: Pflugstellung, Aufrichten und Tiefgehen mit rhythmischer Pendelbewegung des Oberkörpers nach links und rechts.
9 Parallel: Fortlaufendes Beinedrehen nach links und rechts im Wechsel.
10 Test: Allgemeiner Konditionstest: Siehe S. 120.

Grundschule 4

1 Schußfahrt – Schrägfahrt: Kniebeugen vorwärts-seitwärts (Kantenstellung), zuerst einseitig, dann wechselseitig, mit und ohne Tief-Hoch-Tiefbewegung.
2 Beinedrehen: Aus dem aufrechten Stand Tiefgehen und Beinedrehen, links und rechts im Wechsel.
3 Beinedrehen nur aus den Beinen heraus, bis zur Hokke steigern.
4 Sitz auf dem rechten Oberschenkel, beide Beine nach rechts schwingen zum Sitz auf dem linken Oberschenkel.
5 Schneller Kantenwechsel, dabei fortlaufend kleiner und größer werden.
6 Im Liegestütz: Beckenkreisen.
7 Aus dem Schneidersitz Hochstützen zum Stand – Beinwechsel – Schneidersitz.
8 Beinedrehen im Kreis, links und rechts herum.
9 Skimambo, beidbeinig (Parallel) und einbeinig (Umsteigen).
10 Test: Allgemeiner Konditionstest: Siehe S. 120.

Grundschule 5

1 Pflugschwung: Aus der Pflugstellung Abdruck und Hochgehen, Beisetzen und Tiefgehen.
2 Kantenspringen X-beinig und O-beinig im Wechsel (Kantentraining).
3 Im Liegestütz umsteigen.
4 Grätschsitz, Aufrichten mit Drehung nach rechts (links) und Senken in die Seitlage.
5 In der Hockstellung umsteigen.
6 Grätschsitz, Arme in Nakkenhalte, mit dem linken Ellbogen das rechte Knie berühren und gegengleich.
7 Langlaufspringen im Wechsel.
8 Parallel: Sitzwedeln.
9 Schnellendes Umsteigen.
10 Test: Allgemeiner Konditionstest: Siehe S. 120.

Oberstufe Parallelschwung

1 Rhythmisches beidbeiniges Springen in der Schußfahrt (Beugen und Strecken).
2 Wechselspringen aus der Fallinie.
3 Beinedrehen links und rechts mit Tief-Hoch-Tief-Bewegung.
4 Aus dem Kniestand Rumpfsenken rückwärts mit Drehen.
5 Wedelspringen (breit).
6 Schwebesitz, Flechtgriff der Arme: abwechselnd ein Bein durch die Arme hocken.
7 Im Hockstütz: Beinedrehen nach links und rechts mit Sprunghilfe.
8 Doppelstockschub.
9 Charleston: Wechselspringen von einem Bein auf das andere.
10 Test: Spezieller Konditionstest: Siehe S. 126.

Trainingsprogramm

Oberstufe Parallelschwung

1 Hochschwung: Beinedrehen mit hoch und tief, dann in gleichbleibender Beugestellung.
2 Sprungvariationen (Ballen – Fersen).
3 Wedeln: In der Schrägfahrtstellung die Knie aufkanten mit Imitation Stockeinsatz, zuerst einseitig, dann wechselseitig ohne Pause und Vertikalbewegung.
4 Chaplinspringen.
5 Knie-Grätschstand: Rumpfbeugen seitwärts, ein Arm berührt den Boden, über Nackenhalte.
6 Im Sitz, abwechselndes Anhocken und Strecken der Beine.
7 Sprungvariationen:
a) Kreis
b) Dreieck
c) Viereck.
8 Langlaufschwingen im Ausfallschritt.
9 Ausgleichsschwung:
a) Schußfahrtstellung – tiefe Hocke
b) Liegestütz rücklings – Anhocken und Strecken (auch mit Drehen).
10 Test: Spezieller Konditionstest: Siehe S. 126.

Oberstufe Umsteigeschwung

1 Stemm-Umsteigen: Aus der Schrägfahrtstellung auswinkeln zur Stemmstellung, Abdruck und Hochgehen, Beisetzen und Tiefgehen in die neue Schrägfahrtstellung.
2 Parallel-Umsteigen: Von normal bis schnellend.
3 Scher-Umsteigen: Vom Schlittschuhschritt zum Charleston.
4 Im Liegestütz: Schnellendes Umsteigen.
5 Knie-Grätschstand: Rumpfdrehbeugen rückwärts.
6 Aus dem Strecksitz die Beine anhocken, Aufrichten zum Kniestand, seitlich Absitzen usw.
7 Hockwedeln.
8 Doppelstockschub mit Zwischenschritt.
9 Pflugspringen in Variationen.
10 Test: Spezieller Konditionstest: Siehe S. 126.

Rennlauf

1 Doppelstockschub und Schlittschuhschritte beim Start.
2 Scher-Umsteigen mit Nachsetzen.
3 Schnellendes Umsteigen.
4 Klammern:
  a) Grätschstellung, Beuger wechselseitig mit Belastungswechsel.
  b) Im Hockstütz abwechselnd ein Bein zur Seite strecken, beiziehen usw.
  c) Klammern mit Sprungwechsel im Liegestütz vorlings und rücklings.
5 Schwebesitz mit Beinspreizen – Armspreizen quer.
6 Kniestand – Eiform im Wechsel.
7 Rückenlage: die Beine anhocken, dabei gleichzeitig den Oberkörper gegendrehen, Rückenlage.
8 Jet- und Kompressionstechnik: Springen in tieferer Beugestellung mit betontem Abdruck (evtl. im Liegestütz).
9 Wechsel von Eiform und »Schranzhocke«.
10 Test: Spezieller Konditionstest: Siehe S. 125 (Einbeinhocke).

Trickskilauf

1 Skimambo: Springen
  a) beidbeinig
  b) Hocke
2 Buckelpisten-Imitation (Rücklage): Liegestütz rücklings, Anhocken und Strekken der Beine, auch mit Streckdrehen.
3 Einbeinwedeln nach links und rechts im Wechsel.
4 Liegestütz rücklings – Klammern: wechselseitiges Beinspreizen nach links und rechts (Fuzzyschwung).
5 Rückenlage, Arme in Seithalte: Anhocken der Beine, die Beine zur Seite drehen und strecken, bis die Fußspitzen die Hand berühren.
6 Bauchlage, Arme in Seithalte, mit dem linken Fuß die rechte Hand berühren, gegengleich im Wechsel.
7 Beinedrehen einbeinig (Flamingoschwung).
8 Im Stand:
  a) Achterkreisen jeweils eines Beines.
  b) Verschiedene Standwaagen.
9 Aus dem Stand, Grätsch- und Spreizsprünge abwechselnd.
10 Test: Spezieller Konditionstest: Siehe S. 125 (Einbeinhocke).

Ski-Konditionsgymnastik

Auf den folgenden Seiten 82 bis 97 finden Sie ein achtteiliges Trainingsprogramm für Ski-Konditionsgymnastik, das zu Hause genauso wie im Verein oder in der Schulsportstunde praktiziert werden kann. Je nach Zeit und Trainingsintensität sollte mindestens einmal pro Woche trainiert werden.

Aufbau:
Jede Übungsgruppe von 10 Übungen ist 1 Trainingseinheit. 1 Übung besteht aus 15–20 Bewegungseinheiten (Anfänger), d.h. 150–200 Bewegungseinheiten pro Trainingseinheit.

(Fortsetzung S. 84.)

Trainingseffekt auf einen Blick

Übung	3	4	5	6	7	8	9
Kraft							
Arme/Schultern		●					
Bauch							●
Rücken	●						
Rumpf/Hüfte							
Beine				●		●	
Beweglichkeit							
Arme/Schultern			●				
Wirbelsäule							●
Rumpf/Hüfte		●					●
Beine							
Gewandtheit				●	●		
Gleichgewicht				●			
Imitation			●	●			

Trainingsprogramm 1

Aufwärmen:

1 Hüpfen auf der Stelle – Grätschen und Schließen im Wechsel, Schrittsprünge.
2 Grätschstand – Mühlkreisen der Arme.

Allgemeine Kondition:

3 »Holzhacken« – die Arme kräftig zwischen den Beinen nach hinten durchschwingen.
4 Im Hockstütz nach links und rechts Beinedrehen, mit und ohne Springen.

Imitation:

5 Ausfallschritt – Lockeres gegengleiches Armschwingen.
6 »Schlittschuhschrittspringen« – Wechsel von kleineren und größeren Sprüngen.

Spezielle Kondition:

7 Bauchlage – Aufstehen ohne Hilfe der Hände.
8 Aus tiefer Hockstellung Sprung in den Telemark-Ausfallschritt.
9 »Sitzwedeln« mit betontem Gegendrehen.

Auslockern:

10 Lockeres wechselseitiges Springen auf einem Bein, das freie Bein vor- und zurückschwingen.

1

3

4

5

6

7

8

9

Ski-Konditionsgymnastik

Jede Trainingseinheit wurde nach einem systematischen Stundenaufbau zusammengestellt, der grundsätzlich dem auf S. 33 erklärten Schema entspricht.
Zu jeder Trainingseinheit sollte jeweils 1 Programm der auf den Seiten 51, 52, 53, 54 sowie 98, 99, 100 und 101 dargestellten **Dehnübungen** ergänzend dazukommen.
Trainingsregeln für alle Übungsprogramme siehe S. 86.
Konditionell gut trainierte Personen können jede Trainingseinheit auch nach dem Prinzip des Zirkeltrainings (s. S. 115) durchführen.

Trainingseffekt auf einen Blick

Übung	3	4	5	6	7	8	9
Kraft							
Arme/Schultern							
Bauch		●					●
Rücken	●						
Rumpf/Hüfte	●						●
Beine			●		●		
Beweglichkeit							
Arme/Schultern				●			
Wirbelsäule	●						
Rumpf/Hüfte	●						●
Beine							
Gewandtheit		●				●	●
Gleichgewicht							
Imitation			●	●			

Trainingsprogramm 2

Aufwärmen:

1 »Hampelmannspringen«.
2 In der Rückenlage am Boden – abwechselnd Beinspreizen längs und quer in der Kerze.

Allgemeine Kondition:

3 Schnelles Rumpfachterschwingen.
4 Aus der Rückenlage gleichzeitiges Aufrichten von Rumpf und Anhocken der Beine, Gegenbewegung.

Imitation:

5 »Pflugspringen« – weite und enge Grätschstellung im Wechsel.
6 »Doppelstockschub« mit betontem Aus- und Einatmen.

Spezielle Kondition:

7 In der tiefen Kniebeuge (Fersensitz) wippen, dabei immer die ganze Fußsohle auf dem Boden lassen.
8 Wälzrolle – aus der Rückenlage seitwärts rollen, links und rechts herum.
9 Im Sitz beide Beine seitlich anhocken, aufrichten zum Kniestand, absitzen, strecken usw.

Auslockern:

10 »Chaplin-Springen« in mittlerer Beugestellung.

1

3

4

5

6

7

8

9

Ski-Konditionsgymnastik

Trainingsregeln:
Vor jeder Trainingseinheit ausgiebig (ca. 10 Min.) warmmachen, am besten durch verschiedene Laufformen.
Wiederholungszahl pro Übung:
Anfänger: 15–20 Wiederholungen.
Fortgeschrittene: 20–30 Wiederholungen.
Steigerungsmöglichkeit: Doppelte Anzahl von Wiederholungen in kürzerer Zeit oder doppeltes Programm in der gleichen Zeit.
Individuelle Dosierung versuchen. Regelmäßige Pulskontrolle nicht vergessen.

Trainingsprogramm 3

Aufwärmen:
1 Lockeres Umsteigespringen.
2 Schwungvolles Beinspreizen links und rechts im Wechsel.

Allgemeine Kondition:
3 Im Schwebesitz – gleichzeitiges Arm- und Beinspreizen.
4 Im Liegestütz Beckenkreisen.

Imitation:
5 Aus der Schußfahrtstellung Aufkanten zur Schrägfahrtstellung, abwechselnd links und rechts.
6 Fortlaufendes »Beinedrehen« im Kreis herum, links und rechts.

Spezielle Kondition:
7 Aus der Rückenlage Rumpfdrehbeugen zum Grätschsitz.
8 Wechselseitiges Kniebeugen auf einem Bein.
9 Kniekreisen – Beckenkreisen, links und rechts herum.

Auslockern:
10 In der Kerze »Radfahren« zur Lockerung der Beine.

Trainingseffekt auf einen Blick

Übung	3	4	5	6	7	8	9
Kraft							
Arme/Schultern	●	●					
Bauch	●				●		
Rücken							
Rumpf/Hüfte							
Beine			●			●	
Beweglichkeit							
Arme/Schultern							
Wirbelsäule		●		●			
Rumpf/Hüfte		●		●	●		●
Beine			●				●
Gewandtheit			●	●		●	
Gleichgewicht						●	
Imitation			●	●			

2

3

4

5

6

7

8

9

Ski-Konditionsgymnastik

Trainingsprogramm 4

Aufwärmen:

1 Im Liegestütz wechselseitiges Anhocken und Strecken der Beine.

2 Mühlkreisen der Arme.

Allgemeine Kondition:

3 In Bauchlage – Rumpfheben mit gestreckten Armen und seitliches Ablegen im Wechsel.

4 Im Seitliegestütz Rumpfseitbeugen links und rechts im Wechsel.

Imitation:

5 Aus der Pflugstellung Schließen der Beine zur Schußfahrtstellung.

6 »Pflugbogen« mit rhythmischer Pendelbewegung des Oberkörpers.

Spezielle Kondition:

7 Schneller Wechsel zwischen Bauchlage – Stand und Rükkenlage – Stand.

8 Kosakentanz in der tiefen Hocke, mit und ohne Armstütze.

9 Kniestand – abwechselnd links und rechts seitlich neben den Beinen absitzen.

Auslockern:

10 Lockeres beidbeiniges Springen nach links und rechts.

Trainingseffekt auf einen Blick

Übung	3	4	5	6	7	8	9
Kraft							
Arme/Schultern		●				●	
Bauch							
Rücken	●						
Rumpf/Hüfte	●	●					●
Beine			●			●	
Beweglichkeit							
Arme/Schultern							
Wirbelsäule		●		●			
Rumpf/Hüfte		●		●			●
Beine							
Gewandtheit				●	●		●
Gleichgewicht							
Imitation			●	●			

2

3

4

5

6

7

8

9

Trainingsprogramm 5

Aufwärmen:

1 Lockeres beidbeiniges Springen am Ort.

2 Liegestütz rücklings gestreckt – linkes Bein zur rechten Schulter hochspreizen und gegengleich.

Allgemeine Kondition:

3 Aus der Hocke hochspringen, eine halbe Drehung in der Luft, in der Hocke landen, usw.

4 Wechsel von Hockstütz und Liegestütz.

Imitation:

5 Schneller Kantenwechsel mit betonter Hoch-Tiefbewegung.

6 Schneller Kantenwechsel in tiefer Beugestellung.

Spezielle Kondition:

7 Seitliegestütz – wechselseitiges Beckenkreisen.

8 Hüpfen auf einem Bein, vorwärts, seitwärts, rückwärts im Wechsel.

9 Aus der Rückenlage Aufrichten des Rumpfes mit gleichzeitigem gegengleichen Beinspreizen.

Auslockern:

10 »Hampelmannspringen«.

Trainingseffekt auf einen Blick

Übung	3	4	5	6	7	8	9
Kraft							
Arme/Schultern		●			●		
Bauch							●
Rücken		●					
Rumpf/Hüfte					●		
Beine	●	●	●	●		●	
Beweglichkeit							
Arme/Schultern							
Wirbelsäule					●		●
Rumpf/Hüfte					●		●
Beine			●				
Gewandtheit	●			●	●	●	
Gleichgewicht	●			●		●	
Imitation			●	●			

1

3

4

5

6

7

8

9

Ski-Konditionsgymnastik

Trainingsprogramm 6

Aufwärmen:

1 »Schattenboxen«.
2 Rumpfschwingen links und rechts im Wechsel.

Allgemeine Kondition:

3 Aus der Rückenlage mit gestreckten Armen Aufrichten in den Hocksitz, mit den Armen die Knie umfassen, zurück zur Rückenlage.
4 Bauchlage – Wechselseitiges gegengleiches Vor-/Hochspreizen eines Armes und Rückspreizen eines Beines.

Imitation:

5 »Wedelspringen« mit betontem Gegendrehen.
6 »Langlaufschwingen«.

Spezielle Kondition:

7 Im Kniestand abwechselnd ein Bein nach vorne und hinten strecken.
8 Seitliegestütz – Anhocken und Strecken beider Beine.
9 Sitzwedeln mit betontem Gegendrehen.

Auslockern:

10 In der Kerze »Radfahren« zur Lockerung der Beine.

Trainingseffekt auf einen Blick

Übung	3	4	5	6	7	8	9
Kraft							
Arme/Schultern						●	
Bauch	●						●
Rücken		●					
Rumpf/Hüfte			●			●	
Beine			●			●	
Beweglichkeit							
Arme/Schultern				●			
Wirbelsäule			●				●
Rumpf/Hüfte			●			●	●
Beine							
Gewandtheit		●	●		●	●	
Gleichgewicht					●		
Imitation			●	●			

2

3

4

5

6

7

8

9

Trainingsprogramm 7

Aufwärmen:

1 Beidbeiniges und einbeiniges Hüpfen im Wechsel.
2 Rumpfdrehbeugen.

Allgemeine Kondition:

3 Seitwechselbeugen mit Armschwingen.
4 Im Liegestütz Grätschen und Schließen der Beine im Wechsel.

Imitation:

5 »Pflugschwung« mit Schließen der Beine zur Schrägfahrtstellung.
6 »Charleston-Springen«.

Spezielle Kondition:

7 Gehen und Laufen in der tiefen Hocke (Entengang).
8 Aus dem Stand Sprung zur Luft-Schrägfahrtstellung, links und rechts im Wechsel.
9 Sitzwedeln.

Auslockern:

10 Lockeres Kreuzspringen.

Trainingseffekt auf einen Blick

Übung	3	4	5	6	7	8	9
Kraft							
Arme/Schultern		●					
Bauch							●
Rücken		●					
Rumpf/Hüfte							
Beine	●			●	●		
Beweglichkeit							
Arme/Schultern							
Wirbelsäule	●					●	●
Rumpf/Hüfte	●			●		●	●
Beine							
Gewandtheit			●	●	●	●	
Gleichgewicht							
Imitation			●	●			

2

3

4

5

6

7

8

9

Trainingsprogramm 8

Aufwärmen:

1 Im »Vierfüßlergang« vorwärts und rückwärts gehen.
2 Körperwelle mit Armkreisen vorwärts.

Allgemeine Kondition:

3 Rumpfdrehbeugen rückwärts.
4 Im Liegestütz abwechselndes Beugen und Strecken der Arme mit gleichzeitigem Rückspreizen eines Beines.

Imitation:

5 Stemm-Umsteigen mit schnellendem Abstoß.
6 Wechsel von Kniestand und Abfahrtshocke.

Spezielle Kondition:

7 »Spinne« – allmähliches Seitwärtsstützen der Arme und Beine gleichzeitig nach außen.
8 Einbeiniges Seitspringen mit gegengleichem Anfassen eines Beines.
9 Aus dem Strecksitz zurückrollen, bis die Fußspitzen den Boden berühren.

Auslockern:

10 Kantenspringen, x-beinig und o-beinig im Wechsel.

Trainingseffekt auf einen Blick

Übung	3	4	5	6	7	8	9
Kraft							
Arme/Schultern		●			●		
Bauch					●		
Rücken		●			●		
Rumpf/Hüfte	●				●		
Beine			●	●	●	●	
Beweglichkeit							
Arme/Schultern							
Wirbelsäule	●						●
Rumpf/Hüfte	●		●				
Beine							
Gewandtheit			●	●		●	●
Gleichgewicht				●		●	
Imitation			●	●			

2

3

4

5

6

7

8

9

Spezielle Dehnübungen

1a

Sturzübungen

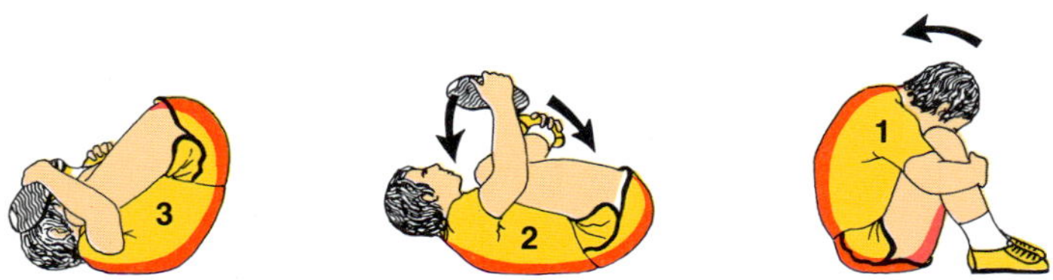

1b

Zeitdauer der Anspannung:

1a 10mal vor- und zurückrollen
1b 10mal vor- und zurückrollen

2a 10 sec
2b 10 sec
2c 10 sec

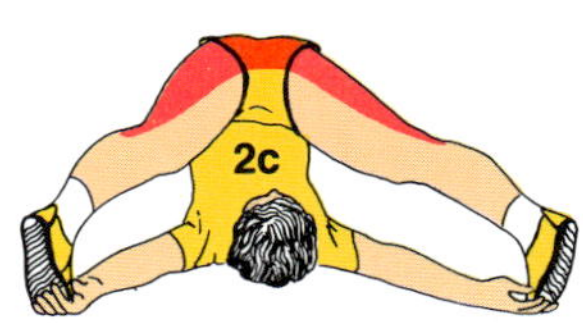

Sturzübungen

3a 20–30 sec
3b 20–30 sec
3c 30 sec
3d 30 sec
3e 30 sec

4a 20–30 sec
4b 20–30 sec
5 10–20 sec

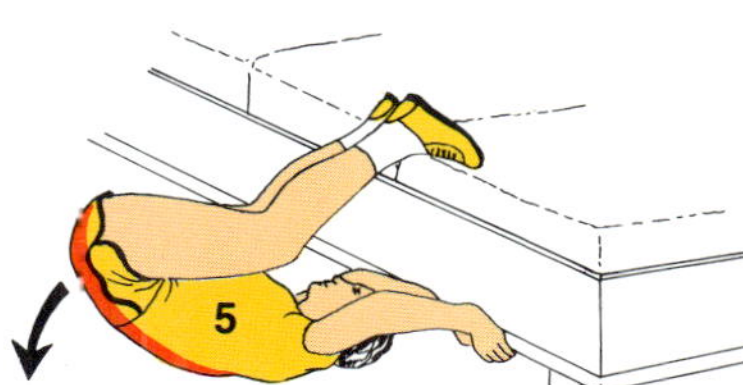

Spezielle Dehnübungen

Dehnübungen für Skiabfahrer

Zeitdauer der Anspannung:

1	20 sec	**5**	20 sec	**9**	20 sec
2	30 sec	**6**	20 sec	**10**	jeweils 5mal 5 sec
3	20 sec	**7**	20 sec	**11**	jeweils 5mal 5 sec
4	30 sec	**8**	jeweils 10mal	**12**	20 sec

Spezielle Dehnübungen

Dehnübungen für Skilangläufer

Zeitdauer der Anspannung:

1 30 sec	**5** 20 sec	**9** 25 sec
2 20 sec	**6** 15 sec	**10** 30 sec
3 30 sec	**7** 25 sec	
4 20 sec	**8** jeweils 10mal	

Partnerübungen Medizinballübungen Übungen an der Langbank

Partnerübungen (S. 102–105) lassen sich überall dort, wo es keine Sporthalle oder Geräte gibt, durchführen. Dieses Training im »Teamwork« macht mehr Spaß als allein und verleitet den einzelnen zu größerer Anstrengung.

Bei **Medizinballübungen** (S. 106, 107) wird der Partner durch den Medizinball ersetzt.

Übungen an der **Langbank** (S. 108, 109) können mit und ohne Partnerhilfe ablaufen.

Als gezieltes Trainingsprogramm ist das **Zirkeltraining** (S. 115) zu empfehlen, d. h. alle Übungen werden nach dem Prinzip der progressiven Belastung sozusagen »im Kreis« trainiert.

Belastung pro Übung	
Anfänger	15 sec Übung 50 sec Pause
Fortgeschrittene	30 sec Übung 30 sec Pause

Je nach Kondition einen oder mehrere Durchgänge.
Nach jedem Durchgang mindestens 15 Min. Pause. Vor der Belastung 5–10 Min. Aufwärmen.

Partnerübungen

Auf dem Außenbein im Kreis um den Partner springen.

Springen im Kreis um den Partner, der gleichzeitig die gestreckten Beine hebt.

Wechselseitiges Grätschen und Schließen der Beine im Wechsel.

Wechselseitiges Rumpfbeugen vorwärts.

Gleichzeitiges Beinkreisen über die gestreckten Beine des Partners.

Rumpfbeugen rückwärts aus der Bauchlage mit Armen in Nackenhalte.

Ski-Konditionsgymnastik

Springen im Kreis in der tiefen Hocke.

Wechselseitiges Vor- und Zurückspringen mit gegengleichem Handfassen.

»Schubkarrenfahren« rücklings.

Kosakentanz mit Handfassen.

Abwechselndes Durchkriechen und Überspringen des Partners in Bankstellung.

Partnerübungen

Ein wichtiger Bestandteil der Konditionsgymnastik sind Gruppenübungen in Reihen- oder Linienaufstellung. Besonders schwache oder ängstliche Personen können auf diese Weise konditionell und von der Motivation her besser »angesprochen« werden.

Ski-Konditionsgymnastik

Achterkreisen des Balls um die gegrätschten Beine.

Den Ball um die Hüfte abwechselnd links und rechts herum kreisen.

Im Sitz abwechselndes Beinspreizen mit Achterkreisen des Balls.

Im Sitz die gestreckten Beine wechselseitig über den Ball heben, ohne sie abzulegen.

In der tiefen Hocke Springen mit Gegenbewegung.

Aus der Bauchlage den Ball beim Aufrichten an die Wand wegstoßen.

Im Stand durch »Beinedrehen« und »Fersenschub« den Ball wegstoßen.

Wechselseitiges Rumpfseitbeugen, dabei den Ball mit möglichst gestreckten Armen halten.

Beidbeiniges Seitspringen mit Gegenbewegung.

Kniekreisen links und rechts im Wechsel.

Vorsichtiges Balancieren von Ball zu Ball, auch im Sprung.

»Slalomlaufen« um mehrere Bälle, Ballabstand variieren.

Ski-Konditionsgymnastik

Übungen an der Langbank
Die Langbank bietet vielfältige Trainingsmöglichkeiten für Einzel-, Partner- oder Gruppenübungen. Die folgenden Standard-Übungen erfordern keine besondere Bewegungserfahrung, haben jedoch einen hohen Brauchwert für die Ski-Kondition.

Auf der umgekehrten Langbank einbeiniges Springen mit Handfassung.

Springen über die Langbank von Außenbein zu Außenbein.

Springen über die Langbank aus der Grätschstellung mit Schließen der Beine in der Luft, zur Grätschstellung zurück.

Beine auf Langbank, aus der Rückenlage Rumpfaufrichten.

Armbeugen im Liegestütz mit wechselseitigem Beinspreizen.

Übungen an der Langbank

Liegestütz rücklings auf der Langbank, wechselseitiges Anhocken und Strecken.

Aus der Bauchlage auf der Matte Sprung über die Langbank, Bauchlage usw.

Aus dem Stand zwischen zwei Langbänken Sprung in die Grätschstellung.

Beidbeinige Sprünge auf und über zwei Langbänke

Hocksprünge abwärts auf der schräg eingehängten Langbank.

Wechselseitiges Springen zum Ausfallschritt auf der Langbank.

Konditionsparcours

Was der Sicherheitsparcours für den Skiläufer, das ist der Konditionsparcours für das Training der Ski-Kondition.
Mit der normalen Hallenausstattung und etwas Phantasie läßt sich in jeder Sporthalle, aber auch im Freien, ein Parcours aufbauen, der das Training nahezu aller konditionellen Eigenschaften ermöglicht.
Je nach geplanter Zielsetzung kann durch den entsprechenden Geräteaufbau die spezielle Beanspruchungsform einer Skiabfahrt simuliert und unter Belastung trainiert werden **(Beispiel 1)**. Ein standardisierter Konditionsparcours kann gleichzeitig als Test verwendet werden.
Auch mit Einzelelementen wie z. B. Turnmatten, Reifen, verschieden hohen Kastenteilen, Plastikhüten, Slalomstangen, Medizinbällen lassen sich »skimethodische Übungsreihen« praktizieren **(Beispiel 2).**

Beispiel 1:
Gerätebahn als Imitation einer Abfahrt.

1 Langbank:
»Wedelspringen« über Langbank.
2 Medizinbälle:
Slalomlaufen um Medizinbälle.
3 Langbank umgedreht:
»Umsteigespringen« über Langbank.
4 Zwei Langbänke quer, Abstand 75 cm:
Aus Schlußstellung (Schußfahrtstellung) in gebeugte Grätschstellung (Pflugstellung) auf Bank springen.
5 Torkombinationen aus verschiedenfarbigen Bällen oder Keulen und Bällen (Ringe unter Bällen verhindern Wegrollen):

Slalomlaufen durch Tore, eventuell auch Schlittschuhschrittsprünge durch Tore.

6 Zwei Kastenteile in Längsrichtung:
Aus Pflugstellung in Kastenteil hineinspringen (Schlußstellung) und wieder heraus.

7 Zwei blaue Matten:
Aus dem Stand vorwärts fallen lassen und mit beiden Händen abstützen bis in den Liegestütz.

8 Vier Kästen quer:
Vorne Kastenboden und Deckel, Mitte nur Kastendeckel, hinten Kastenboden und Deckel, Abstand jeweils 75 cm. Schlußsprünge in »Ausgleichstechnik« über »Buckel«.

9 Drei oder vier Sandsäcke:
Tiefe Kniebeugen mit geschultertem Sandsack (oder Rucksack).

10 Fahnenstangen mit Metallfuß:
Slalomlaufen ins Ziel.

Beispiel 2:
Einführung in den Torlauf.

1 Vertikale aus Medizinbällen aufstellen:
Umlaufen und Umspringen der Bälle mit verschiedenen Abständen. Möglichst schnelles Umlaufen der Bälle.

2 Die Bälle werden seitlich versetzt:
Beim Laufen die flüssigste Route finden. »Hohes Anfahren« der Tore.

3 Tore aus Bällen, Plastikhüten und Keulen oder verschiedenfarbigen Bällen markieren:
Gewöhnen an verschiedene Torfolgen.

4 Verschiedene Arten von Toren aus Keulen, Plastikhüten und Bällen aufstellen:
Finden der richtigen Route.

5 Slalomlaufen auf Zeit.

6 Parallel-Slalom als Wettkampf.

Ski-Konditionsgymnastik

Training im Gelände

Die Vorbereitung in der schneefreien Zeit sollte sich nicht auf das Training in der Halle beschränken, denn neben der gymnastischen Konditionierung kann gerade ein Training im Gelände den Skiläufer auf die verschiedenen Anforderungen (wechselnde Hangneigung) und wechselnde Situationen (Anpassung an Gelände und Umweltreize) beim Skilaufen gezielter vorbereiten. Als idealer »Trainingspartner« erweisen sich dabei **Skistöcke.** Neben dem normalen Trainingseffekt der jeweiligen Beanspruchung bewirkt das »Stocktraining« darüber hinaus noch zweierlei:

- Kräftigung der Schulter- und Armmuskulatur im Sinne der Stützkraft.
- Gewöhnung an die Stockhaltung und den Stockeinsatz im Sinne der Vorbereitung auf das Skilaufen.

Die folgenden Übungsbeispiele sind eine Auswahl. Stellen Sie daraus selbst ein individuelles Trainingsprogramm nach Ihren Anforderungen zusammen.

1

2

3

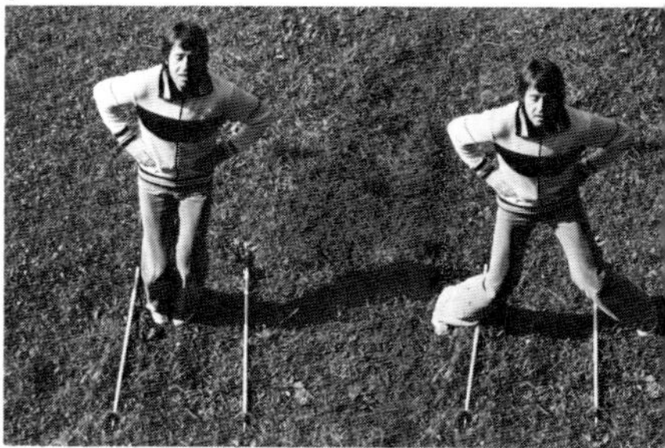
4

1 Langlaufspringen mit weitem Ausfallschritt. Wechselspringen im Liegestütz. Kosakentanz in der tiefen Hockstellung, mit den Händen an den Stöcken einhalten.
2 Rumpfdrehen nach links und rechts.
3 Beinkreisen über die Stöcke, abwechselnd links und rechts.
4 Pflugspringen mit Schließen der Beine im Wechsel.

Training im Gelände

5 Wedelspringen über die Stöcke nach links und rechts im Wechsel.

6 Hocksprünge über die Stöcke vorwärts und rückwärts.

7 Skimambo: Rhythmisches Springen am Ort mit betontem Gegendrehen des Oberkörpers.

8 Spreiz- und Grätschsprünge mit Armstütze.

9 Abwechselnd die Knie nach links und rechts zu den Stöcken drücken (Aufkanten).

10 Sitzwedeln mit betontem Gegendrehen des Oberkörpers zu den Beinen.

11 Umsteigespringen im Liegestütz über die Stöcke nach links und rechts.

12 Rumpfbeugen vorwärts und rückwärts in der Grätschstellung.

13 Rumpfbeugen seitwärts in der Grätschstellung.

14 Freies Laufen im Gelände
- über Stock und Stein
- bergauf, bergab mit vielen Richtungsänderungen.

5

6

7

8

9

10

11

12

13

14

Ski-Konditionsgymnastik

Freies Laufen im Gelände, Kurvenlaufen dem Gelände angepaßt.

Sprungschritte mit kräftigem Absprung bergauf.

In der tiefen Hocke wechselseitiges Kniebeugen nach links und rechts.

»Kosakentanz« mit Stockhilfe.

Zirkeltraining für den Skiläufer

Als organisatorisch idealste Form für das Heimtraining oder das Konditionstraining im Verein hat sich im Freizeit- und im Leistungssportbereich das »Zirkeltraining« bewährt. Der Begriff »Zirkel« bedeutet, daß man sich ein Trainingsprogramm zusammenstellt, wobei verschiedene Muskelgruppen, und vor allem die Eigenschaften Kraft, Schnelligkeit und Ausdauer, durch ausgewählte Übungen nach dem Prinzip der **progressiven Belastung** an einzelnen Stationen trainiert werden. Hierbei ist das Training gleichzeitig immer ein Test und ermöglicht deshalb eine gute Leistungskontrolle. Um einer individuellen Trainingsdosierung immer gerecht werden zu können, sollten Sie vorher einen **»Maximaltest«** machen und dabei feststellen, wie oft Sie eine Übung überhaupt oder in einer festgelegten Zeitdauer (z.B. 30 sec) ausführen können. Dieser Wert entspricht dann 100%. Danach können Sie Ihr Programm genau festlegen, je nachdem, welchen Schwerpunkt Sie setzen wollen.

Praktisches Beispiel:
1. Vertrautmachen mit den einzelnen Teilen.
2. Feststellung der Maximalleistung (100%).
3. Aufwärmen vor dem Training mindestens 10 bis 15 Min.
4. Ausführung:
Belastung 1. bis 3. Monat mit 50% der Maximalleistung.
Wiederholung
1. Woche: 1 Durchgang
2. Woche: 2 Durchgänge
3. Woche: 3 Durchgänge
4. Woche: 4 Durchgänge
Pausenlänge
1. Monat: 1 Minute
2. Monat: 30 sec
3. Monat: keine Pause
Ab 4. Monat Training mit 30 sec Zeitdauer und möglichst häufiger Wiederholungszahl, keine Pause.
5. Kurzes Auslockern nach dem Training.

Variationen des Zirkeltrainings
Hinsichtlich der speziellen Trainingsbelastung empfiehlt sich die Dosierung gemäß der auf S. 31/32 dargestellten Beispiele.
Ein einmal festgelegter Zirkel sollte, damit man eine echte Leistungskontrolle hat, längere Zeit (mindestens vier Wochen) beibehalten werden. Eine zusätzliche Kontrolle kann man erzielen, wenn man die Trainingszeit für jede Übung genau festsetzt.
Eine weitere Leistungssteigerung kann erreicht werden durch:
1. Kürzung der Pausen.
2. Fortfall der Pausen.
3. Verlängerung der Trainingszeit.
4. Hinzunahme weiterer Stationen.

Zirkeltraining

SA-Übung:
Aus der Bauchlage Rumpfaufrichten und Druckwurf des Medizinballes über die Bank.
15 Wiederholungen.

9

Trainingsprogramm:
10 Übungen mit dem Ziel, die lokale **Muskelausdauer, Kraftausdauer** und **Schnelli keitsausdauer** zu verbesser

IM = Imitation
MA = Muskelkraftausdauer
SA = Schnelligkeitsausdaue
Gerät: Langbank oder Baumstamm, Kasten.

IM-Übung:
Schrittsprünge auf Langbank.
30 Wiederholungen.

10

1

IM-Übung:
Schrittsprünge auf Langbank.
30 Wiederholungen.

2

MA-Übung:
Beine auf Langbank – aus der Rükkenlage aufrichten.
20 Wiederholungen.

3

SA-Übung:
10 sec Sprinten am Ort »Skippings« – 10 sec Fußabrollen im Wechsel (je zweimal).
Möglichst viele Wiederholungen.

für Skilangläufer

MA-Übung:
Einbeiniges Kniebeugen auf der Bank. Je 10 Wiederholungen.

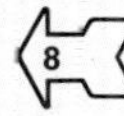

SA-Übung:
Im Liegestütz vorlings auf der Bank – wechselseitiges Anhocken und Strecken. 20 Wiederholungen.

Durchführung:
IM im normalen Bewegungstempo.
MA im langsamen Bewegungstempo.
SA im schnellstmöglichen Bewegungstempo.

MA-Übung:
Bauchlage über der Bank – Rumpfaufrichten. 15 Wiederholungen.

Dosierung der Belastung:
Wiederholungszahlen wie im einzelnen angegeben.
Zwischen den Übungen jeweils 30 sec Pause.
Zunächst 1 bis 2 Durchgänge.
Zwischen den Durchgängen mindestens 15 Min. Pause.
Nach einiger Zeit (2 Monate) zwischen den Durchgängen keine Pause machen.
Wichtig: Mindestens 10–15 Min. vorher aufwärmen.

SA-Übung:
Hocksprünge auf Kasten ohne Zwischensprung. 20 Wiederholungen.

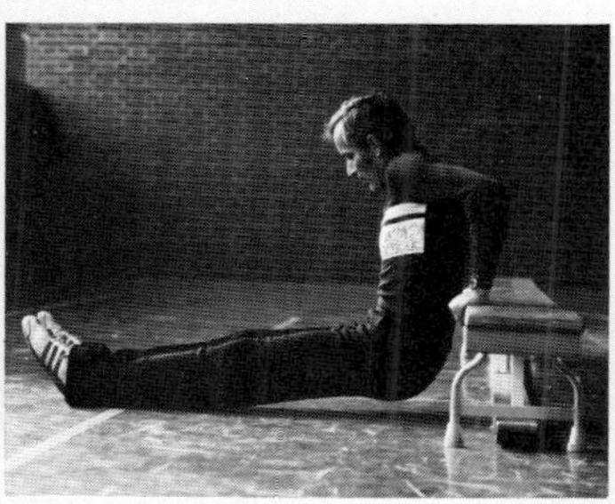

MA-Übung:
Liegestütz rücklings auf der Langbank – Beugen und Strecken der Arme 20 Wiederholungen.

Zirkeltraining

8. Station:
Im Hockstütz schnelles Beinedrehen nach links und rechts im Wechsel.
Zweck: Beweglichkeit der Hüfte, Kräftigung der Armmuskulatur.

1. Station:
Skippings: Schnelles Laufen am Ort. Die Arme schwingen kräftig im Laufrhythmus mit.
Zweck: Training von Herz und Kreislauf, Kräftigung der Bein- u. Bauchmuskulatur.

Trainingsprogramm:
Es besteht aus 8 Stationen und basiert auf dem Konditionsprogramm der Deutschen Alpinen Skinationalmannschaft für das Heimtraining.

2. Station:
Sprung vom Hockstütz in den Liegestütz mit gegrätschten Beinen und wieder zurück.
Zweck: Kräftigung des Stützapparates, der Bauch- und Rückenmuskulatur.

3. Station:
Abfahrtshocke – Strecksprung – Landen in der Abfahrtshocke usw.
Zweck: Imitation, Kräftigung der Bein- und Rükkenmuskulatur, Erhöhung der Standfestigkeit.

für Skiabfahrer

6. Station:
Seitgrätschstellung, Abbeugen des Oberkörpers über das gestreckte rechte Bein, anschließend schnelles Zurückbeugen des Oberkörpers über die linke Hüfte und umgekehrt.
Zweck: Dehnung der Beinmuskulatur, Kräftigung der Hüftmuskulatur.

7. Station:
»Kosakentanz«: Wechselseitiges Anhocken und Strecken in der tiefen Hocke.
Zweck: Kräftigung der Fuß- und Beinmuskulatur.

Durchführung und Belastung:
10–15 Min. Aufwärmen.
An jeder Station 20 Wiederholungen, Station 1 (Skippings) 40 Wiederholungen.
Pausenlänge: 30 sec

Anzahl der Durchgänge:

Anfänger
Damen 2mal
Herren 3mal

Fortgeschrittene
Damen 3mal
Herren 4mal

5. Station:
Umsteigespringen
Wechsel zwischen kurzen und weiten Sprüngen einbeinig seitwärts.
Zweck: Imitation, Kräftigung der Beinmuskulatur, Stärkung der Fußgelenke.

4. Station:
In jede Hand ein Gewicht nehmen (Ziegelsteine oder dgl.). Die Arme abwechselnd vor dem Körper hängen lassen und wieder gestreckt bis zur Schulterhöhe heben und senken.
Zweck: Kräftigung der Schulter- und Armmuskulatur.

Konditionstests

Für den Leistungssportler ist heute ein gezieltes Training ohne Anwendung von Konditionstests nicht vorstellbar. Auch alle anderen sollten darauf nicht verzichten, wenn es um ein gezieltes Training geht. Zur Durchführung standardisierbarer Konditionstests bedarf es nicht nur sportpraktischer, sondern auch sportwissenschaftlicher Erkenntnisse. Erst in neuerer Zeit gibt es entsprechende Fachliteratur dazu. Die nachfolgend dargestellten allgemeinen und speziellen Konditionstests sind eine Auswahl von vielen (u.a. Quelle: Grosser/ Starischka: Konditionstests, BLV, München 1980).

Die speziellen Tests Einbeinhocke (S. 125), Ski alpin (S. 126) und Ski nordisch (S. 127) erfordern eine gründliche Beschäftigung mit der Testtheorie aus der Sportwissenschaft und Trainingslehre. Sie sind den speziell interessierten Lesern dieses Buches als Anregung gedacht, sich damit eingehend auseinanderzusetzen.

Wichtige Grundsätze der Durchführung und Auswertung

- Konditionstests sollten regelmäßig durchgeführt werden.
- Die Testdurchführung muß standardisiert werden, d.h. unter vergleichbaren zeitlichen, räumlichen und organisatorischen Bedingungen stattfinden.
- Die Testpersonen sollten zur bestmöglichen Leistung angespornt werden. Alle Störfaktoren müssen ferngehalten werden.
- Alle Testwerte müssen auf entsprechenden Testkarten sofort fixiert werden.
- Die Testpersonen sollten unmittelbar nach dem Test über ihre Testleistung informiert werden.

Natürlich eignen sich Konditionstests lediglich zur Grobdiagnose komplexer oder individueller Anteile der Kondition. Die Feindiagnose kann nur durch aufwendige sportmedizinische Untersuchungen vollzogen werden.

Allgemeiner Konditionstest

Dieser Test ermöglicht Ihnen eine klare Aussage über Ihre Grundkondition:

Test: Versuchen Sie innerhalb von 30 Sekunden möglichst viele Wiederholungen zu schaffen (PL = persönliche Leistung eintragen).

1
Beidbeinige Schlußsprünge über den Partner

Test: Schnellkraft der Beinmuskulatur, Koordination

Alter		sehr gut	gut	normal	PL
bis 20 J.	M	60	55	50	
	F	55	50	45	
20–40 J.	M	50	45	40	
	F	45	40	35	
40–60 J.	M	40	35	30	
	F	35	30	25	

2
Anhechten und Wegstoßen der Beine

Test: Kraftausdauer der Beinmuskulatur

Alter		sehr gut	gut	normal	PL
bis 20 J.	M	25	23	20	
	F	23	21	18	
20–40 J.	M	20	18	15	
	F	18	16	13	
40–60 J.	M	18	15	13	
	F	16	13	11	

Konditionstest

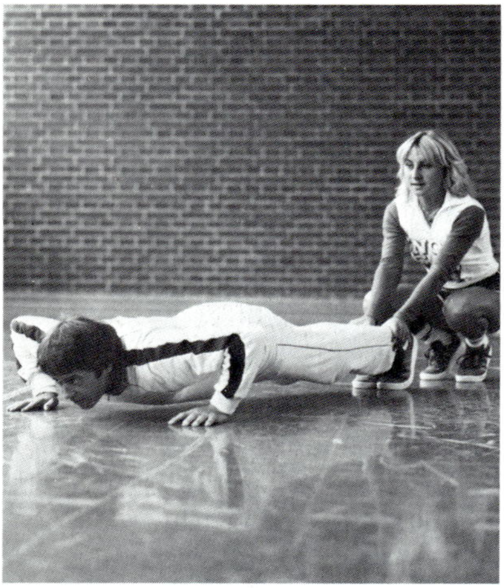

3
Liegestütz mit Beugen
und Strecken der Arme

Test: Kraftausdauer der Schultergürtel-, Rücken- und Bauchmuskulatur

Alter		sehr gut	gut	normal	PL
bis 20 J.	M	25	23	20	
	F	25	23	20	
20–40 J.	M	20	18	15	
	F	20	18	15	
40–60 J.	M	18	15	13	
	F	18	15	13	

4
Aufrichten des Oberkörpers
aus der Bauchlage

Test: Kraftausdauer der Rückenmuskulatur

Alter		sehr gut	gut	normal	PL
bis 20 J.	M	25	23	20	
	F	23	21	18	
20–40 J.	M	20	18	15	
	F	18	16	13	
40–60 J.	M	18	15	13	
	F	16	13	11	

5
Aus der Bauchlage Anhocken der Beine und Strecksprung

Test: Allgemeine Ausdauer, Kraft, Schnelligkeit, Beweglichkeit, Gewandtheit

Alter		sehr gut	gut	normal	PL
bis 20 J.	M	12	11	10	
	F	11	10	9	
20–40 J.	M	11	10	9	
	F	10	9	8	
40–60 J.	M	10	9	8	
	F	9	8	7	

Allgemeine Ausdauertests

Unabhängig vom Konditionstest sollten Sie einmal einen richtigen Ausdauertest machen. Medizinisch gesehen ist die Ausdauerfähigkeit eines Menschen die gesundheitlich wertvollste Eigenschaft. Machen Sie deshalb vor Beginn des Fitnesstrainings auch diesen Ausdauertest, der für den Untrainierten eine gute Überprüfung der Kreislaufleistung ermöglicht.
Der erste ist ein bewährter »Standardtest«, der nach der Art seiner Ausführung »Steptest« genannt wird und häufig in den USA praktiziert wird.

Steptest

Durchführung und Bewertung:
1. Messen Sie in Ruhe Ihren Puls.
2. Test: Steigen Sie 90 sec lang 2 Stufen hinauf und wieder herunter (Stufenhöhe 30–40 cm) und zählen Sie die Anzahl Ihrer »steps«. Vergleichen Sie Ihre Wiederholungszahl mit den Soll-Werten der Tabelle.
3. Messen Sie ca. 2 Min. nach Beendigung des Tests erneut Ihre Pulsfrequenz.
   Normalerweise sollte sie dann wieder dem Ruhewert entsprechen. Ist das nicht der Fall, dann ist Ihre Kreislaufleistungsfähigkeit nicht ausreichend.

Konditionstest

Wiederholungszahlen beim Steptest (nach Master)
Frauen (linke Spalte), Männer (rechte Spalte), Alter (in Jahren darunter)

kg	5–9		10–14		15–19		20–24		25–29		30–34		35–39	
	F	M	F	M	F	M	F	M	F	M	F	M	F	M
23–27	33	33	33	35	32	32								
28–31	31	31	32	33	30	31								
32–36	28	28	30	32	29	30								
37–40	26	26	28	30	28	29	28	29	28	29	27	28	26	27
41–45	24	24	27	29	26	28	27	28	26	28	25	27	24	27
46–49	22	22	25	27	25	27	26	28	26	28	25	27	24	26
50–54	20	20	23	26	23	26	25	27	25	27	24	26	23	25
55–58	18	18	22	24	22	25	24	26	24	27	23	26	22	25
59–63	16	16	20	23	20	24	23	25	23	26	22	25	21	24
64–67			18	21	19	23	22	24	22	25	21	24	20	24
68–72			17	20	17	22	21	24	20	25	20	24	19	23
73–76			15	18	16	21	20	23	19	24	19	23	18	22
77–81			13		14	20	19	22	18	23	18	23	17	22
82–86					13	19	18	21	17	23	17	22	17	21
87–90					12	18	17	20	16	22	16	21	16	21
91–95							16	19	15	21	15	21	15	20

kg	40–44		45–49		50–54		55–59		60–64		65–69	
	F	M	F	M	F	M	F	M	F	M	F	M
37–40	24	27	23	26	22	25	21	25	21	24	20	23
41–45	23	26	22	25	22	25	21	24	20	23	19	22
46–49	23	25	22	25	21	24	20	23	19	22	18	22
50–54	22	25	21	24	20	23	19	23	18	22	18	21
55–58	21	24	20	23	19	23	19	22	18	21	17	20
59–63	20	23	19	23	19	22	18	21	17	20	16	20
64–67	19	23	19	22	18	21	17	20	16	20	16	19
68–72	19	22	18	21	17	20	16	20	16	19	15	18
73–76	18	22	17	21	16	20	16	19	15	18	14	18
77–81	17	21	16	20	16	19	15	18	14	18	13	17
82–86	16	20	16	19	15	19	14	18	14	17	13	16
87–90	15	20	15	19	14	18	13	17	13	16	12	15
91–95	14	19	14	18	13	17	13	16	12	16	11	15
96–99	13	18	13	17	13	17	12	16	11	15	11	14

Cooper-Test (modifiziert)

Testziel / Meßanspruch / Geltungsbereich:
Aerobe Mittelzeitausdauer.

Testanweisung
1. Aufgabenstellung / Durchführung:
Der Sportler hat die Aufgabe, aus dem Hochstart in 12 Minuten auf einer präparierten Laufbahn eine möglichst große Strecke zurückzulegen.
2. Messung / Wertung:
Registriert und gewertet wird die in 12 Min. zurückgelegte Laufstrecke; zusätzlich sollte 2 Min. vor Laufbeginn, unmittelbar nach Beendigung des Laufs sowie 1, 2, 3 und 4 Min. später jeweils in den ersten 15 sec der Puls gemessen werden.
3. Organisatorische Hinweise:
Testgerät: Stoppuhr.
Ausreichendes Aufwärmen; auf adäquate Kleidung und Schuhwerk achten; Auslaufen.

Vergleichswerte

Zurückgelegte Strecke (m)	Fitness-Kategorie
weniger als 1600	sehr schlecht
1600–2000	schlecht
2000–2400	genügend
2400–2800	gut
mehr als 2800	ausgezeichnet

(nach Beuker 1976, 20)

Einbeinhocke

Testziel / Meßanspruch / Geltungsbereich:
Kraftausdauer der Beinmuskulatur.

Testanweisung
1. Aufgabenstellung / Durchführung: »Der Proband hat die Aufgabe, in der Hocke auf einem Bein möglichst lang auf dem Testgerät zu stehen. Die Neigung des Oberschenkels wird einheitlich auf folgende Weise vorgeschrieben: Der Sportler steht zunächst aufrecht auf dem Testgerät. Der durch eine Achse drehbare und senkrecht verschiebbare Schenkel des Geräts wird so fixiert, daß Drehachse und unterer Kniescheibenrand auf gleicher Höhe liegen. Durch eine Feder wird der Schenkel um ca. 45 Grad nach oben geneigt. Die Versuchsperson senkt sich hierauf in die Hockstellung und drückt dabei mit dem unteren Rand des Gesäßes einen verschiebbaren Querbügel des Schenkels so weit nach unten, bis der Schenkel sich in der Waagerechten befindet. Die waagerechte Stellung kann während des Tests von der Versuchsperson durch eine spezielle Meßvorrichtung laufend kontrolliert werden. In den Händen hält die Versuchsperson je eine Hantel mit dem Gewicht von 5% des eigenen Körpergewichts« (Fetz / Kornexl 1978, 155f.). Mit dem rechten bzw. linken Bein wird jeweils ein Versuch durchgeführt.

2. Messung/Wertung:
Registriert und gewertet wird die Zeitdauer (in sec), die der Sportler in der vorgeschriebenen Hockstellung auf einem Bein verharren kann.
3. Organisatorische Hinweise:
Testgerät: Hockgerät, Kurzhanteln, Stoppuhr. Ausreichendes Aufwärmen.

Vergleichswerte
Normwerte in sec

		Jahre 15–16	17–18	19–27
männl.	$\bar{x}$	59	72	80
	± s	12	18	16
weibl.	$\bar{x}$	55	65	68
	± s	13	14	17

(nach Fetz/Kornexl 1978, 156).

Anmerkung: Für die Modifikation »Abfahrtshocke mit Belastung« (30 kg) finden sich bei Bube (1966, 486f.) folgende Werte:

Punkte	Abfahrtshocke (Testleistung in Min.)
100	8:00,0
90	7:10,0
80	6:20,0
70	5:30,0
60	4:40,0
50	3:50,0
40	3:00,0
30	2:10,0
20	1:20,0

Spezieller Test: Ski alpin

Kastenhüpfen

Testziel/Meßanspruch/Geltungsbereich:
Anaerobe Mittel- und Langzeitausdauer.

Testanweisung
1. Aufgabenstellung/Durchführung:
Der Sportler hat die Aufgabe, innerhalb von 90 sec möglichst oft seitwärts über einen Kasten hin- und zurückzuspringen, dabei müssen beide Beine beim Überspringen jeweils auf dem Kasten aufgesetzt werden. Begonnen wird mit Stand seitlich des Kastens.
2. Messung/Wertung:
Registriert und gewertet wird die Anzahl der Kastenkontakte (pro Aufspringen 1 Punkt); zusätzlich kann die Anzahl nach 10, 20, 30 sec erfaßt werden. 2 Min. vor Testbeginn, unmittelbar nach Testende sowie 1, 2, 3 und 4 Min. später sollte jeweils in den ersten 15 sec der Puls gemessen werden.
3. Organisatorische Hinweise:
Testgerät: Kasten (Höhe 40 cm, Länge 60 cm, Breite 50 cm), Stoppuhr, rutschfeste Matten (Kastenunterlage). Ausreichendes Aufwärmen, Vorversuch (bis zu 10 Sprünge), dabei soll der Sportler auf ein hohes Ausführungstempo bereits zu Testbeginn aufmerksam gemacht werden.

Vergleichswerte
(bei einer Testzeit von 60 sec)

Alter	Männlich	Weiblich
15–16 J.	94 ± 6	58 ± 7
17–18 J.	98 ± 7	62 ± 6
19–27 J.	104 ± 6	84 ± 6

(nach Fetz/Kornexl 1978, 158)

Spezieller Test: Ski nordisch

Skilanglauftest nach Bube (modifiziert)

Testziel/Meßanspruch/Geltungsbereich:
Sportartspezifische Kurz- und Mittelzeitausdauer.

Gütekriterien
Bube (1966, 484) verweist auf eine statistisch gesicherte Abhängigkeit zu den Wettkampfleistungen im Skilanglauf.

Testanweisung
1. Aufgabenstellung/Durchführung: Der Sportler hat die Aufgabe, in einem ausgewählten kopierten Gelände
a) 1000 m (eine Runde) maximal schnell zu durchlaufen,
b) nach 30 Min. Pause 5000 m (5 Runden) maximal schnell zu durchlaufen.

2. Messung/Wertung:
Registriert und gewertet werden
a) die Laufzeit über 1000 m (t_{1000}) bzw. 5000 m (t_{5000}); es empfiehlt sich, zusätzlich die Teilzeiten (t_{500}, t_{1500}, t_{2000}, t_{2500} etc.) zu erfassen;
b) die Pulsfrequenz 2 Min. vor Testbeginn, unmittelbar nach Testende (1000 bzw. 5000 m) sowie 1, 2, 3 und 4 Min. später, jeweils in den ersten 15 sec.

3. Organisatorische Hinweise:
Testgerät: Stoppuhr, Ski (Skiroller in der Vorbereitungsperiode). Ausreichendes Aufwärmen (auch vor Test b).

Vergleichswerte
Bube (1966, 485) bezeichnet Skilangläufer dann als gut ausdauerfähig, wenn ihr Quotient aus

$$\frac{5 \times t_{1000}}{t_{5000}}$$ sich im Bereich

0,915 bis 0,930 bestimmt. »Kleinere Werte entsprechen einer wenig entwickelten Ausdauer, größere lassen auf wenig Schnelligkeitsvermögen schließen.«

Anmerkung:
Allgemeiner Konditionstest (S. 120) und **Steptest** (S. 123) sowie **Cooper-Test** (S. 125) sind für jeden Freizeitsportler problemlos durchführbar. Die speziellen Tests **Einbeinhocke** (S. 125), **Ski alpin** (S. 126) und **Ski nordisch** (S. 127) sind mehr für den Leistungssportler gedacht.